INDICE GENERALE

Capitolo IV

Netiquette

Glossario

Licenza d'uso del libro

Prefazione

La netiquette che cosa è e a cosa serve

La netiquette è l'unione di due parole, *network* ed *etiquette*. Queste due parole identificano ciò che la parola che sono andate a formare significa, ossia l'etiquette della rete informatica (network), sia internet sia intranet.

La netiquette nacque ufficialmente agli inizi degli anni '90 del XX secolo, gli autori furono un gruppo di lavoro della IETF, società informatica che ha scritto molte delle regole che vengono utilizzate ancora oggi per la programmazione e per la gestione e regolamentazione della rete internet.

Essa è stata creata da una serie di regole che vennero utilizzate dapprima nella rete intranet di una società informatica, successivamente si è utilizzato per parlare nella rete internet già alla fine degli anni '70 del secolo scorso. La semplicità e la precisione con cui è stato scritto ne fa in breve tempo una Guida indispensabile per i corretti e rispettosi rapporti tra individui e società.

E' da notare che la società di internet agli inizi non era come lo è oggi, essa veniva utilizzata per lavoro, per scambiarsi file ed impressioni lavorative su un determinato lavoro, per richiedere in modo veloce e sicuro informazioni su un lavoro da portare avanti velocemente, per ricevere notizie da tutto il mondo e poter ascoltare e riferire di fatti che quotidiani locali non riportano usualmente, per istruirsi e per apprendere nuove cose, per parlare con persone che non provengono dal nostro stesso paese ed apprendere la loro cultura senza perdere la nostra.

Internet è nata nella libertà più assoluta e nel rispetto reciproco, chi non segue le regole è sempre stato messo alla porta ed invitato ad andarsene dalla comunità.

Più la comunità si allargava, più le comunità diventavano di vario tipo e con differente gestione l'una dalle altre, più gli informatici creavano programmi per migliorare non solo la vita lavorativa, ma anche l'interazione tra persone di diversi stati e culture e più si necessitava di impostare le regole di buon comportamento tramandandole in modo scritto e non più in modo orale.

In inglese il termine *guideline* non significa la stessa cosa della traduzione corrente italiana *linea guida*, mentre in italiano una linea guida è un qualcosa di superficiale che lascia libero spazio alle modifiche della stessa, in inglese questo termine in questo caso identifica una linea guida considerata però fissa e come una linea direttrice, quindi una linea che dirige e non si può modificare a piacimento ma seguendo lo stesso andamento dato dalla stessa.

La netiquette quindi prende forma rimarcando la buona educazione, ma lasciando anche libero spazio alle esigenze specifiche di ogni singola comunità.

Essa è un pilastro importante per gli internauti, poiché è il principio di tutti i regolamenti di internet, tutto ciò che l'informatica crea e tutti i mezzi che vengono inventati per facilitare la comunicazione sono soggetti alla netiquette, ogni comunità imposta le proprie regole partendo dallo RFC 1855[1] e sapendo costantemente metterla in pratica.

Questo libro è stato scritto per tutti coloro che si approcciano per le prime volte al mezzo di internet ed anche per coloro che vogliono utilizzare internet nei migliori dei modi e correttamente.

Il libro è strutturato in modo tale da rendere reperibile facilmente le parti che interessano maggiormente e che si vogliono approfondire meglio, rappresentando così la stessa struttura che vi è nello RFC 1855.

---

[1] Lo RFC 1855 si trova a questo indirizzo internet http://www.rfc-editor.org/rfc/rfc1855.txt

CAPITOLO I

Introduzione

Come abbiamo detto nella prefazione la netiquette è nata per regolare il comportamento delle persone in modo da poter avere dei rapporti interpersonali corretti ed equilibrati avendo rispetto di culture e persone diverse da noi.

La veloce proliferazione di internet e dei mezzi di comunicazione ad essa legata, nonché una necessità sempre più pressante e decisiva rendono necessaria la scrittura di tali regole in un Reference for Comment (RFC) denominato successivamente in RFC 1855.

Nonostante siano passati 15 anni[2] dalla sua scrittura, essa è ancora oggi uno strumento indispensabile da sapere per chiunque e che non deve essere sottovalutato, né tanto meno storpiato nella sua interezza per fini personali. L'intero mondo informatico si è ormai appropriatamente adattato al rispetto reciproco tra società ed individui a tal punto che chi non segue lo RFC 1855 può anche non venire considerato un net-citizen (da network citizen, cittadino della rete), in alcuni casi perde

---

[2] Gli anni di riferimento scritti vanno calcolati in base all'anno di pubblicazione e scrittura di questo libro (2009, 1 stesura)

completamente ogni diritto di cittadino della
rete e sarà considerato in malo modo dagli altri
net-citizen.
Nell'abstract dello RFC 1855 viene detto:

*Questo documento fornisce un minimo di
impostazioni delle linee guida per l'Etiquette
della rete internet (Network Etiquette, netiquette
ndt) le quali organizzazioni possono adattare
per le loro esigenze. Così, questo è scritto
deliberatamente in un formato per essere
adattato facilmente e per ricercare facilmente
qualche particolare voce. Esso funziona anche
come una minima impostazione delle linee guide
per i singoli individui, utenti ed amministratori.*

Come si può notare, l'abstract definisce la Guida
come un **minimo** di impostazioni, ciò significa
che tutto quello che è scritto all'interno dello
RFC 1855 è la base da cui partire per poter
adattare a seconda della propria esigenza le
regole della propria community e non bisogna
modificare la base in nessun modo.
Ciò significa che se vi sarà scritto "Non si fa
spam", non sarà possibile che vi sia una regola
in nessuna community che dica "Lo spam è
accettato nelle apposite aree" per esempio.
Quindi, in definitiva si può dire che da quelle
regole basi la propria comunità internet dovrà

partire e dovrà avere un'appropriata gestione della stessa, se ciò non avviene la vostra community non è adeguata ad un ruolo internazionale, ma nemmeno minimamente a livello regionale e locale.

Lo stesso vale anche per gli individui e per tutto ciò che fanno all'interno della sfera di internet come descritto nell'ultima parte, quindi è scritto il minimo indispensabile che un individuo deve fare per poter convivere con il mondo; chi non è in grado di seguire almeno le basi per una gentile convivenza con il mondo, forse è meglio che chiuda internet ed il computer o che cambi professione se informatico.

Nell'introduzione viene ribadito il concetto precedente:

Oggi, la comunità degli utenti internet include persone che sono nuove dell'ambiente. Questi non sono familiari con la cultura di internet e non hanno bisogno di conoscere perfettamente come funziona il trasporto dei pacchetti e i protocolli.

Al fine di portare questi nuovi utenti ad avere una cultura di internet molto velocemente, questa guida offre impostazioni minime di comportamento la quale le varie comunità e individui possono adattare per i loro usi personali.

Come si può ben vedere non viene detto di modificare le linee guida, ma semplicemente di adattarle, quindi la base più altre che non sono in contrasto con l'ordinamento precedente e invita tutti coloro che non conoscono le regole di internet perchè nuovi dell'ambiente a leggere e seguire queste regole.

Come le leggi statali sono sottoposte alla Costituzione, le leggi regionali sono sottoposte alle leggi statali ed alla Costituzione, quelle locali sono sottoposte alle leggi regionali e leggi statali ed alla Costituzione, anche i regolamenti interni delle community devono sottostare alle regole della Netiquette che non va modificata assolutamente a piacimento come qualcuno fa arbitrariamente; effettivamente per come è scritta la Netiquette vi è ben poco da aggiungere alle sue argomentazioni.

Successivamente l'introduzione dice:

Gli individui possono essere consapevoli che non importa chi fornisce loro accesso ad internet, può essere un Internet Service Provider (ISP, ndt) attraverso un account privato, o un account pubblico, o un account per studenti universitari o societario, queste comunità hanno regolamenti sulle proprietà di posta e files, su cosa è proprio postare o inviare, e come presentare se stessi. Per essere sicuri controllare con le autorità locali per leggi specifiche.

In questo pezzo, viene chiaramente detto di leggere i regolamenti interni dei vari servizi di chi ci fornisce internet, in qualunque luogo noi siamo ad accedervi e con qualunque mezzo, nonché dobbiamo sapere le leggi statali per evitare di fare illegalità e di commettere errori che ci possono costare cari, (chiusura dei server, piuttosto che requisizione del materiale pubblicato, o altro).
Quindi, come si può notare non tutto ci è concesso e ci è concesso fare, ogni stato ha le sue leggi e le sue regole e vi dobbiamo sottostare, se si è su server stranieri bisognerà informarsi sulle leggi di quel preciso stato per evitare di incorrere in ulteriori sanzioni, poiché bisognerà seguire entrambi gli ordinamenti, o per avere maggiore libertà di scrittura e tutela della propria proprietà intellettuale.

CAPITOLO II

Comunicazione tra singoli

La comunicazione si ha nel momento in cui una persona esprime i propri pensieri personali o meno cercando un approccio normaloide con un'altra persona o con più persone.
Nella netiquette questo è ben definito nella prefazione alle regole che ne seguono esattamente a questo passo:

Definiamo le comunicazioni tra singoli come ciò per cui una persona è in comunicazione con un'altra persona come se fossero faccia a faccia: un dialogo. In generale, le regole di comune cortesia per l'interazione con le persone possono essere in vigore per ogni situazione e in Internet. E' doppiamente importante dove, per esempio, il linguaggio del corpo e il tono della voce devono essere dedotte.

Nella seconda frase viene definito che bisogna usare le regole della buona cortesia, con chiunque. E' naturale che possiamo non voler parlare con una persona, a questo punto è corretto avvertire tale persona e scollegarla dalla chat, non cambiare indirizzo apposta per non parlarci, non mettersi in modalità "assente", non mettersi in modalità "occupato", queste cose le fanno i troll e i lamer. Sapersi prendere le proprie responsabilità è corretto e giusto, ognuno ha le sue.

In questo modo potrete anche definire meglio il vostro panel di amici e mantenere i contatti con le persone a cui realmente tenete e che vi sono realmente amici.

Oltre a questo è realmente importante che manteniate il vostro contatto il più pulito possibile, questo per evitare che sia voi sia i vostri contatti possiate avere problemi se per caso avete nei vostri indirizzi un lamer e non lo sapete.

Più pulito è il vostro contatto meno problemi date agli altri e meno ne avrete voi.

Le regole che devono essere seguite per e-mail sono molto chiare, di seguito riporterò ogni singola regola con la relativa spiegazione.

Comunicazione via e-mail:

A meno che abbiate un accesso ad Internet privato da un Internet provider, siate sicuri di controllare con il vostro datore di lavoro sulla proprietà delle e-mail inviate. Le leggi sulla proprietà delle e-mail variano da posto a posto.

Assicuratevi di ciò che potete o non potete fare con la e-mail che vi è stata data in dotazione, dal vostro datore di lavoro o dal vostro ISP, non tutti hanno leggi e regolamenti interni uguali, meglio sapere prima per evitare di sbagliare dopo.

Molte e-mail non sono di proprietà esclusiva personale, è necessario distinguere in modo evidente se la casella di posta che state utilizzando può essere considerata personale o invece no.

Una casella di posta è personale nel momento in cui appartiene ad un vostro dominio personale, per esempio:

pippo@miosito.it

E voi siete il proprietario del sito, le caselle di posta che rilasciate sotto il dominio

@miosito.it

non sono di vostra proprietà, ma dipendono
dalla vostra responsabilità, il contenuto è
personale e segue tutte le regole e le leggi sulla
privacy, non vi è quindi concesso di leggere la
posta altrui.
Per quanto riguarda le e-mail gestite da mailing
host pubblici, l'e-mail è di proprietà del mailing
host, ma il contenuto è una vostra privacy.
Controllate attentamente ogni singolo contratto
prima di utilizzare impropriamente tale e-mail,
se si tratta di una e-mail di host privati o e-mail
aziendali o di altra entità, assicuratevi delle
regole da utilizzare direttamente con gli
amministratori di rete.

A meno che utilizziate un dispositivo di crittazione (hardware o software), si può dire che quell'e-mail in internet non è sicura. Mai prendere un messaggio di posta ed inserire qualche cosa che non mettereste in una cartolina

Presupponete sempre che le vostre conversazioni non siano sicure a meno che non disponiate di un sistema di crittazione, questo però decade se la persona che vi risponde non utilizza un sistema di crittazione.

Infatti, la crittazione utilizza dei particolari algoritmi con cui si crea una chiave esadecimale pubblica che deve corrispondere in modo inequivocabile al certificato ed alla chiave privata che vi è stata inviata dal vostro amico. Se non avete la chiave privata di decrittazione non potrete mai leggere un messaggio crittato a meno che non lo cracchiate, ma ciò è illegale. Quindi se utilizzate la crittazione assicuratevi che anche i vostri corrispondenti la utilizzano, anche una firma crittata o certificata potrebbe risultargli illeggibile.

Rispettate le licenze sul materiale che riproducete. Quasi ogni stato ha leggi sul diritto d'autore.

Rispettate le licenze di tutto il materiale che inviate via e-mail (o in altro modo), controllate che il materiale che state inviando non sia sotto una licenza chiusa di diritto d'autore e se lo è chiedete il permesso all'autore di poter inviare il materiale, se è sotto una licenza copyleft od open source controllate comunque che si possa inviare liberamente (esistono licenze non totalmente libere), date la giusta paternità all'autore dell'opera che state citando e che state inviando nel qual caso sia un'opera di libero utilizzo. Ognuno può scrivere ciò che vuole, ma ognuno di noi si deve prendere le responsabilità di ciò che dice, lui e non qualcun altro e se ha detto castronerie è giusto che sia lui a farne le spese, se ha detto cose giuste è altrettanto corretto che ne abbia i meriti. Non diamo i meriti ai famosi, perchè non se ne può fare a meno e cerchiamo di far passare inosservato chi non è famoso, tanto non si lamenterà o non ci sarà nessuno che lo protegge, o non potrà far valere i suoi diritti perchè appunto non famoso. No, si deve rispettare chiunque ed i diritti di tutti, se si rispettano i diritti degli altri, gli altri rispetteranno i nostri, se ciò non accade o sono troll o sono lamer che cercano di denigrare chi dice cose giuste o almeno sensate. Se non rispetterete il diritto altrui, qualcuno si potrebbe sentire in diritto di trattarvi allo stesso modo e non rispetterà i vostri diritti, non rispettare le licenze è di ogni singolo prodotto che si può scaricare online, è considerato sconveniente e al giorno d'oggi anche a livello criminale, ciò potrebbe togliervi i diritti di cittadino della rete.

Se inoltrate o ripostate un messaggio che avete ricevuto, non modificate nessuna parola della formulazione. Se il messaggio era un messaggio personale diretto a voi e lo avete ripostato a un gruppo, dovete domandare il permesso prima. Dovete scrivere messaggi il più corti possibili e quotare solo le parti rilevanti, ma dovete essere sicuri di dare la giusta attribuzione delle parole a chi le ha dette.

Quando riportate i messaggi altrui, non sovrapponete i quoting, non modificate nessuna parola (solo i lamer e i troll lo farebbero), quindi quotate solo la parte che serve per la risposta, solo quella della persona a cui rispondete e non le parole a cui questa persona rispondeva, se non strettamente necessario da mantenere per il discorso. Se ripostate un discorso privato, chiedete prima il permesso dell'interessato o degli interessati per evitare problemi di comprensione e fraintendimenti che dovrebbero essere evitati il più possibile.
Questa pratica è assolutamente necessaria per mantenere il discorso attivo e in topic, sapere chi si quota e cosa ha detto quella determinata persona rende evitabili molti fraintendimenti che possono avvenire in una discussione concitata.

Non è permesso né legalmente né dalle buone maniere inoltrare conversazioni o e-mail o argomentazioni private, questo perchè riguarda la privacy di due persone, se aveste necessità di inoltrare una conversazione privata è necessario chiedere preventivamente il permesso agli altri interlocutori, se non avete il loro permesso non potete inoltrare il messaggio in pubblico.

Mai inviare lettere a catena (le catene di S.
Antonio o similari, ndt) via e-mail. Le lettere a
catena sono proibite in internet. I vostri privilegi
di rete sarebbero revocati. Notificatele al vostro
amministratore locale di sistema se ne ricevete
una.

Non inviate catene di S. Antonio, è vietatissimo,
è considerato alla stregua dei criminali. Che
cosa sono le catene di S. Antonio? le catene di S.
Antonio sono le tipiche lettere in cui vi si dice
che se non inviate ad altre 100 persone quella
stessa lettera vi capiteranno cose orribili, tra cui
la morte o incidenti stradali o di altro tipo; di
solito queste lettere sono accompagnate da una
richiesta di denaro, altre volte invece sono solo
una promessa che i propri desideri si
avvereranno entro breve se si effettuerà l'invio a
più persone.
Ogni persona che la invierà ad altre fino a
creare una rete tale di lettere da rendere quasi
indisponente ed ingolfata la rete stessa.
Inoltre, le catene di S. Antonio possono essere
un problema per la sicurezza personale e dei
vostri contatti, infatti se in questo circolo vizioso
il vostro indirizzo o l'indirizzo di posta di un
vostro amico finisce in mano ad un lamer è
probabile che questo lo utilizzi in malo modo e a

volte illegalmente.

Evitare di inviare tali catene di S. Antonio è la cosa migliore sia per voi sia per i vostri contatti. La Netiquette dice chiaramente che chi esegue quest'operazione ha immediatamente revocato i suoi diritti di cittadino della rete; cosa significa questo? che ogni individuo che invia catene di S. Antonio non ha più nessun diritto mentre naviga, nemmeno quello della privacy, viene quindi lasciato alla mercé di lamer e cracker. Nonché la legge sulla privacy 196/03 italiana ne vieta apertamente l'invio senza nessuna scusa di sorta nonchè il Ddl 3263.

*Una buona regola empirica: essere conservativo
in ciò che si invia e liberale in ciò che si riceve.
Non dovete inviare messaggi di odio (questi si
chiamiamo "flames") sempre se siete provocati.
D'altra parte, non dovete sorprendervi se vi
appaiono flames ed è meglio non rispondergli.*

'Siate conservativi su ciò che inviate e liberali su
ciò che ricevete' dice la netiquette. Quindi non
inviate catene S. Antonio, trolling, flame, e-mail
inutili o con contenuti inopportuni, se ricevete
e-mail di questo tipo non siate intransigenti e
sopportate se sapete con certezza che le persone
che le stanno inviando non conoscono bene la
netiquette, contattatele e riferitegli che questo
tipo di e-mail non vanno inviate, che in certi
casi sono illegali come le catene di S. Antonio.
Nel qual caso le e-mail inviatevi siano riferibili
a spam o phishing o altro di questo genere, non
rispondete mai sarebbe inutile e non fruttuoso,
mettete in black list le parole del contenuto
delle e-mail ma non l'indirizzo e-mail potrebbe
essere uno spoofing di e-mail. Nel qual caso
sappiate perfettamente che la persona che vi sta
inviando un certo tipo di e-mail lo sta facendo in
modo malizioso ed in malafede potete non
rispondere e lasciarli crogiolare nel loro brodo,
se proprio li ritenete scoccianti potete mettere in

black list il loro indirizzo e-mail dopo averli avvisati (stiamo parlando di persone che inviano messaggi del tipo pornografico o catene di S. Antonio ben sapendo che a voi non interessa un qualcosa del genere, non di e-mail normalissime con una richiesta di aiuto particolare ma a cui non sapete rispondere o con contenuti a cui non vi interessa rispondere), se non siete in grado o non sapete come fare per togliervi da eventuali guai non rispondete al messaggio in modo più che assoluto, rispondete solo se siete sicuri e certi di saper gestire la situazione che ne potrebbe eventualmente venire fuori e se avete tempo da dedicare a queste persone, perchè una volta che vi si appiccicano non le schiodate più.

In generale, è una buona idea almeno controllare tutti gli indirizzi di posta prima di rispondere al messaggio. Qualche volta una persona che vi chiede per un aiuto (o un chiarimento) può mandare il messaggio che dice effettivamente "Non preoccuparti". Accertatevi che ogni messaggio a cui rispondete sia indirizzato direttamente a voi. Dovete essere in cc o direttamente nel box principale (a, ndt).

Controllate tutti gli indirizzi di posta quando rispondete ad una e-mail; la persona che vi sta chiedendo un aiuto (nella Netiquette è indicato per un aiuto prettamente informatico, ma al giorno d'oggi potrebbe essere fisica, chimica, o anche problematiche personali), effettivamente potreste non essere nel panel principale, quello che indica a chi è arrivata, ma soltanto nella copia per conoscenza, quindi non indirizzata direttamente a voi, ma vi si pone a conoscenza di un problema, proprio come nelle lettere cartacee; accertatevi di essere nel panel principale prima di rispondere. Potrebbe essere scritto nelle e-mail "non preoccuparti" è stata tradotto letteralmente anche nella netiquette perchè la versione non letterale avrebbe potuto suscitare facili fraintendimenti. Questa parola effettivamente ha diversi significati in inglese, potrebbe essere un "non preoccuparti" effettivo, quindi un non preoccuparti non è un grosso problema hai tempo per rispondermi senza fretta; oppure potrebbe riferirsi anche ad un non preoccuparti non è un tuo problema non sto parlando con te, ma con il diretto interessato nel panel principale (a:). Questo è molto importante perchè potrebbe fare molta differenza sui reali destinatari della e-mail, se non è per voi non siete tenuti a rispondere, in casi particolari potreste comunque rispondere per avvertire il mittente che avete letto l'e-mail e che se ha bisogno del vostro aiuto ci siete.

Create cose semplici per i vostri contatti. Molte intestazioni di posta includono il vostro indirizzo per la risposta. Al fine di assicurare quelle persone su chi siate, assicuratevi di includere una linea o due alla fine del vostro messaggio con le informazioni del vostro contatto. Potete creare questo file una volta ed aggiungerlo alla fine del vostro messaggio. (Qualche gestore di posta, anche software, fa questo). Nel gergo di internet questo file è conosciuto come un ".sig" o "firma" (signature in inglese, ndt). Il vostro file .sig prende il posto del vostro biglietto da visita. (E potete avere più che un'applicazione in circostanze differenti).

Siate semplici e diretti nello scrivere, non complicate i discorsi, nemmeno i discorsi tra tecnici o prettamente tecnici, nemmeno se si tratta di log informatici, è inutile mettere venticinque mila sigle non ve ne è un reale bisogno, basta scrivere semplicemente ed in modo che tutti capiscano. Inserite sempre alla fine della riga una firma che vi identifichi ed assicuri chi contattate per la prima volta sul chi siate (le regole per la firma verranno elencate successivamente). Potete firmarvi con un nick se la persona che contattate può riconoscervi, ma non è consigliato se non vi conosce da molto. Anche se, nella netiquette non è fatto divieto di utilizzare un nick name per rispondere, poiché la privacy di una persona deve essere rispettata e se vuole rispondere utilizzando un nick name può farlo e non deve essere messa sotto pressione, ognuno può scegliere di rimanere in anonimato o con il proprio nome pubblicamente, in ogni caso sia che si visualizzi solo il nick name sia che si visualizzi il suo nome, la persona che scrive è la diretta responsabile di ciò che scrive.

Fate attenzione quando inserite gli indirizzi di posta nell'intestazione dell'invio delle e-mail. Ci sono indirizzi i quali devono andare a un gruppo ma quando si inviano ne viene inserito dal gestore di posta soltanto uno riferito di solito a chi ha inviato l'e-mail. Controllate a chi state inviando l'e-mail.

Quando inviate la posta assicuratevi che l'indirizzo e-mail sia stato scritto correttamente e controllate che sia quello giusto, infatti alcuni gestori di posta possono rinviare il messaggio non a tutti i componenti del panel principale ma soltanto al primo o a chi ha inviato il messaggio e a cui state rispondendo, nel qual caso, cliccate su "rispondi a tutti" o aggiungeteli manualmente se potete.

Attenzione però che se state rispondendo ad una mailing list e cliccate su 'rispondi a tutti' vi comparirà non solo l'e-mail della mailing list, ma anche quella di chi ha inviato il messaggio, se la persona non ha richiesto di essere inserito in CC eliminate il suo contatto e-mail manualmente.

Nonostante tutti gli accorgimenti potreste sbagliare, se ve ne accorgete o se vi avvisano, chiedete scusa.

Guardate il campo cc quando rispondete. Non continuate ad includere persone se i messaggi devono essere una conversazione a due.

Se la conversazione che state effettuando deve rimanere una conversazione a due controllate attentamente i campi di "cc" e "ccn" assicurandovi che siano vuoti e non contengano nominativi; non includete persone se non devono essere a conoscenza della conversazione a due.

E' necessario che manteniate la vostra privacy, ma anche quella delle persone con cui parlate, potrebbero non gradire che i fatti loro finissero in altre mani che le vostre, ciò non è corretto visto che non penso che vi piaccia che i fatti vostri finiscano in pubblico, sicuramente non piace nemmeno agli altri.

In genere, molte persone che usano Internet non hanno tempo di rispondere alle questioni generali su Internet e sui suoi lavori. Non inviare e-mail di sollecito per richiedere informazioni a persone che avete visto in RFCs o su mailing list.

Molte volte, le persone non hanno tempo di rispondere a questioni generali che riguardano internet o la sua essenza presunta (a meno che non si tratti di liste dedicate a questo o argomentazioni reali dovute ad uno studio particolare di internet), quindi se per caso chiedete che cosa è internet o come deve essere utilizzata potreste ritrovarvi con nessuna risposta effettiva, non perchè non vogliono rispondere ma perchè non hanno tempo, se qualcuno ha tempo per rispondere vi risponderà. Oppure vi rinvierà ad un link appropriato che vi spieghi esattamente cosa è internet e come si utilizza. **Non inviate messaggi di sollecito per risposte al riguardo a persone che non conoscete e che avete letto negli RFCs o in mailing list preposte.** Il risultato potrebbe essere come sopra una non risposta e a volte potreste anche essere tacciato come troll (naturalmente si parla solo di RFC e netiquette).

Ricorda che le persone con cui comunichi sono situate nell'intero globo. Se inviate un messaggio al quale volete una risposta immediata, la persona che lo riceve potrebbe essere a casa a dormire quando arriva. Date loro la possibilità di svegliarsi, andare al lavoro, e accedere a internet prima di decidere che l'e-mail non è arrivata o che non se ne sono preoccupati.

Internet è utilizzata da tutto il mondo e chiunque può comunicare attraverso questo mezzo, quindi potreste avere contatti o amici dall'altra parte del mondo, controllate con il fuso orario che ore saranno quando parlerete con i vostri amici, così vi potete fare anche un'idea dei loro orari. Sappiate anche a che fuso orario appartenete, sarà più facile per voi risalire a quante ore di distacco avete dai vostri amici e vi potrete adattare più facilmente e anche loro quando vi chiederanno il fuso orario saprete dirgli quello corretto e non semplicemente la città da dove provenite.

Se inviate messaggi urgenti, ricordatevi comunque che la persona che lo riceve potrebbe essere a casa e non in ufficio o magari sta dormendo quindi non vi può rispondere subito, prima dovrebbe svegliarsi e andare in ufficio, aspettate almeno 48 ore prima di decidere che non si sono preoccupati di rispondere, dopo potreste sollecitare una risposta ma non esagerate.

Verificate tutti gli indirizzi prima di iniziare un discorso lungo o personale. E anche una buona pratica includere le parole "Lungo" nella testata dell'oggetto così chi riceve il messaggio sa che dovrà prendere tempo per leggere e rispondere giustamente. Sopra le 100 linee è considerato lungo.

Prima di cominciare a scrivere un messaggio, inserite gli indirizzi nell'intestazione e controllate che stiate inviando il messaggio alle persone corrette. Se il messaggio è lungo oltre alla spiegazione sintetica nell'oggetto inserite tra parentesi la parola *lungo*, ciò indica alle persone che leggono che il vostro messaggio non è breve e che ci vorrà del tempo per leggerlo e per poi rispondere in modo adeguato.
Di solito si considera un messaggio lungo sopra le 100 righe di contenuto.

Sappiate chi contattare per ottenere aiuto. Di solito si avranno piu' risorse in mano. Controllate localmente per persone le quali possono aiutarvi con software e problemi di sistema. Inoltre, sappiate riconoscere chi vi invia cose discutibili o illegali. Molti siti hanno anche alias di "Postmaster" per gli utenti con esperienza, così potete inviare e-mail da questo indirizzo per ottenere un aiuto.

Sappiate chi dovete contattare per poter ottenere aiuto, se vi rivolgete a persone che non sono competenti nella materia rischiate di non ottenere l'aiuto sperato, per fare un esempio reale se avete un rubinetto che perde non chiamerete di certo un elettricista. Controllate prima localmente, nel vostro reale piuttosto che nelle vostre immediate vicinanze, parlando di internet nel vostro stato, se vi è qualcuno che vi può aiutare, se non riuscite ad ottenere aiuto passate ad altre community che possono sicuramente darvi un aiuto più mirato. Vale ciò che abbiamo detto sopra, non contattate personalmente persone che non conoscete senza presentarvi e sicuramente senza che la persona vi abbia invitato a farlo, non si contattano net-citizen personalmente prendendo il loro indirizzo e-mail dalle mailing list o tramite pm (private message) nei forum per ottenere aiuto. Sappiate riconoscere chi vi invia materiale non appropriato e discutibile da chi non lo fa, questo è molto importante, è possibile che qualcuno possa approfittarsi delle e-mail di qualcuno e utilizzarlo in malafede per farlo passare per un phisher per esempio o uno spammer, quindi questo implica il saper fare una piccola indagine sulle persone che ci contattano, questo per evitare di scambiare una persona per l'altra, non fermatevi al primo link che incontrate né alla prima pagina del motore di ricerca, cercate più fonti e se non trovate nulla, non è detto che siano persone pulite, ma nemmeno dei malavitosi incalliti. Sappiate utilizzare il vostro cervello per poter discernere una via dall'altra. Se proprio non sapete indagare in modo corretto chiedete a persone più esperte di voi cosa dovete fare, scegliete bene le persone a cui chiedete aiuto in molti sbagliano. Se non vi sentite sicuri, alcuni mailing host vi permettono di inviare le e-mail tramite aliases, in questo modo potete mantenere il vostro e-mail reale nascosto agli occhi di molti, non utilizzatelo malamente inviando robaccia da un aliases non servirebbe a nulla se vi bloccano.

Ricordate che il destinatario è un essere umano la cui cultura, linguaggio, e umorismo, hanno differenti punti di vista dai vostri personali. Ricordate che i formati delle date, le misurazioni, e gli idiomi possono non essere come i vostri. Specialmente siate cauti con il sarcasmo.

Ricordatevi che dietro ad un computer vi è una persona e non un semplice schermo vuoto. Il destinatario ha quindi una cultura, linguaggio e umorismo diversi, le altre persone hanno diversi punti di vista dei vostri. Evitate un eccesso di sarcasmo, potreste offenderlo, evitate un certo tipo di scherzi se non conoscete bene quella persona, non sempre potrebbe apprezzare il vostro umorismo, se le persone vi fanno capire esplicitamente che non gradiscono il vostro atteggiamento smettetela e rispettate il loro volere, non mettete alla prova nessuno di quelli con cui parlate, i test si fanno solo in luoghi preposti e non di certo in internet e vanno fatti in modo corretto e conscio da entrambe le parti altrimenti è solo un inganno, quindi non inviate e-mail per saggiare cosa e come risponderebbe l'altro, né per sapere se è competente o meno, nè per controllare se vi è amico o meno, se parla bene o male delle altre persone, se conosce la sua materia o meno, non ingannatelo facendo finta di chiedergli aiuto quando in realtà volete solo conoscere il suo grado di competenza (queste cose non vanno fatte nemmeno nel reale) non prendete cose che ha scritto e riproponetegliele in salsa diversa, né tanto meno utilizzatele per controllare se è vero ciò che ha scritto, queste cose le fanno solo i lamer e gli stupidi non di certo una persona esperta in informatica, questi accorgimenti sono utilizzabili anche per la sezione delle chat e per qualunque rapporto interpersonale. Ricordate che parlando di internet, date e orari, nonché idiomi possono assumere diverse sfumature rispetto ai vostri.

*Usate maiuscolo e minuscolo. UTILIZZARE
SOLO IL MAIUSCOLO E' COME SE SI
STESSE GRIDANDO.*

Utilizzate maiuscolo e minuscolo, utilizzare solo
il maiuscolo equivale a gridare ed è considerato
ineducato e sconveniente. Ad oggi, qualcuno
utilizza il maiuscolo nelle e-mail in formato
testo per definire se una particolare frase è
scritta in grassetto, ma ciò è possibile solo se si
scrive di fianco che il maiuscolo utilizzato è fatto
solo perchè manca la formattazione html,
altrimenti resta come sopra.

Usate simboli per enfatizzare le frasi. Che *è* ciò che intendevo. Usare gli underscore per sottolineare le parole. _Guerra e Pace_ è il mio libro favorito.

Utilizzate gli asterischi per enfatizzare le frasi e gli underscore (comunemente detto *trattino sotto*) per sottolinearle. Questo è stato fatto perchè le e-mail una volta venivano inviate solo in versione testuale, non avendo formattazione html non era possibile inserire grassetto o corsivo, ad oggi è sempre consigliato utilizzare una versione testuale per le e-mail (ne parleremo più avanti), piuttosto che html, ma non è obbligatorio, questo perchè la versione formattata con html è più pesante rispetto ad una testuale, sempre meglio controllare se sono accettate dal destinatario o se fa fatica a scaricarle, si scrivono e-mail per farle leggere agli altri, sarebbe stupido scrivere una e-mail in versione html se poi il nostro destinatario non riuscirà a leggerla perchè non ha DSL, in ogni caso è una procedura in disuso anche per chi invia e-mail in formato testo, sarebbe meglio utilizzarlo o scrivere di fianco se la frase è sottolineato con il tag [sottolineato] e la sua fine [/sottolineato] per esempio, che a molti risulta essere più comodo e sicuro.

Usate gli smiley ed emoticons per indicare il tono della voce, ma usateli con parsimonia. :-) E' un esempio di una emoticons (da guardare lateralmente). Non crediate che l'inclusione di una emoticons creerà nel destinatario felicità con ciò che dite o annienti l'effetto di un commento insultante

Utilizzate sempre gli smiley per comunicare una vostra emozione, le emozioni non si possono sentire via scrittura per cui è necessario mettere delle emoticons che rappresentino tali sentimenti. Farò un breve elenco delle più utilizzate con relativa spiegazione a fianco:

:-) oppure :) : sono felice, sto sorridendo, mi sento bene

:-(oppure :(: sono infelice, non mi sento bene

:-D oppure :D : sono contento, sto ridendo

XD : sto ridendo a crepapelle

=_= oppure =_=' : sono basito, completamente stupefatto

:-S oppure :S : non sto capendo, sembra strano

:'(: sto piangendo

^_^ : ti sorrido, ti invio un sorriso di solidarietà

^^ : mezzo sorriso di solidarietà

:-@ oppure :@ : sono arrabbiato

:-P oppure :P : sto scherzando

:-# oppure :# : ho la bocca cucita, no parlo, non posso parlare ora

@_@ : ho gli occhi a palla, sono stanco, non vedo più nulla

ò_ò : sono stupefatto

è_è oppure ç_ç: sto piangendo ma non sono infelice

Utilizzate le emoticons senza esagerare, scrivere una frase di 10 parole utilizzando 11 emoticons non serve a nulla e nemmeno è utile alla frase. Una emoticon ben piazzata all'interno della frase può far capire molte cose senza essere invadente.

Non utilizzate le emoticons per mascherare un insulto, non serve a nulla, l'insulto resta .

Se per esempio si dice "sei un figlio di puttana" è

una frase eloquente, se dico "tua madre lavora sulla Pandina...:P" il risultato non cambia, ho detto la stessa cosa con parole diverse, ma in entrambi i casi è un insulto, con o senza emoticons, sia che sia detto in modo volgare o meno.

Insultare gli altri non è corretto , come vi ho dimostrato precedentemente non esiste un solo modo di insultare gli altri (cioè nel senso volgare della terminologia), ma ci sono molti altri modi, meno volgari, più sottili, più diffamanti, più cattivi; le reazioni degli altri agli insulti possono essere svariate, il minimo che vi può capitare è che vi chiudano il contatto, qualcun altro può ritornarvi gli insulti indietro, soprattutto in caso di offese gravi per quella persona: ricordatevi che come detto in precedenza, ognuno di noi ha una cultura ed un vissuto diverso, ciò che è non è offensivo per voi può esserlo per altri.

Non mascheratevi dietro al vostro lavoro, non esiste lavoro per cui vi è consentito insultare altri, ogni lavoro si può fare senza insultare nessuno, se non siete in grado di svolgere il lavoro in modo corretto, cambiate lavoro (ne riparleremo più avanti nella sezione amministratori).

Attendete tutta la notte per inviare una risposta emotiva ad un messaggio. Se avete realmente sentimenti forti verso un soggetto, indicatelo includendolo nelle due affermazioni FLAME ON/OFF. per esempio:

FLAME ON: *questo tipo di argomento non vale la pena affrontarlo. E' illogico e male ragionato. Il resto del mondo mi approva.*
FLAME OFF

Se dovete scrivere una risposta emotiva in riguardo ad una e-mail, un post o un commento ricevuto in chat un po' pesante e a cui potreste rispondere in modo volgare cercando di difendervi in qualche modo, prima di scrivere attendete almeno una notte, mordetevi la lingua o le mani (dipende da come siete abituati), dopodichè potete scrivere la vostra risposta, se proprio non riuscite ad essere calmi attendete qualche ora in più, se proprio non riuscite ad ottenere una stabilità emotiva, utilizzate i tag [flame] e [/flame] per definire una risposta un po' troppo calda, ma non insultate.

Non includete caratteri di controllo o allegati non ASCII nel messaggio a meno che sono allegati MIME o a meno che il vostro mailing host non li codifichi. Se inviate messaggi codificati assicuratevi che il destinatario li possa decodificare.

Evitate di inserire allegati non ASCII, sono consentiti solo gli allegati MIME (file binario che viene gestito e aperto da diversi programmi, sia e-mail, sia DOS, sia Microsoft Office, sia OpenOffice eccetera eccetera) se non utilizzate un tipo di file che possa essere compatibile MIME o ASCII il destinatario potrebbe non riuscire a leggere tali documenti; non includete caratteri di controllo, ossia non utilizzate quei caratteri che vi permettono di controllare se il mittente ha letto il messaggio. Quando inviate messaggi codificati, è inteso con chiavi di crittazione ma potrebbero essere anche messaggi in codice, assicuratevi che il vostro destinatario li possa decodificare e leggere.

Per cui se viene utilizzata una parola chiave crittografica assicuratevi che i vostri interlocutori abbiano la chiave pubblica per la decrittazione e se inviate un messaggio in codice assicuratevi che il vostro interlocutore sappia come decodificarlo, altrimenti sarebbe come se voi parlaste in italiano e qualcuno sente non capisce e risponde qualcosa a caso in russo. Si deve parlare la stessa lingua per comprendersi.

Essere brevi senza essere troppo sintetici.
Quando replicate ad un messaggio, includete
materiale originale per essere capiti ma non
eccedete. E' estremamente brutto rispondere ad
un messaggio includendolo totalmente nella
risposta: eliminate tutto il materiale irrilevante.

Cercate di essere brevi ma non eccessivamente
sintetici, se dovete includere del materiale
includete materiale originale, ma non esagerate
nell'inserimento. Evitate di includere tutto il
messaggio del vostro interlocutore nella
risposta, inserite solo la parte rilevante al
discorso, questo per evitare che la e-mail si
appesantisca e che crei disagio a chi legge.

*Limitate la lunghezza delle linee a 65 caratteri
ed impostate un limite per il ritorno a capo.*

Alla creazione di questa netiquette la lunghezza
delle linee da impostare era a 65 caratteri,
attualmente tutti i mailing host ed i programmi
di posta sono impostati automaticamente per i
72 caratteri di linea (numerazione accettata da
chiunque ad oggi) ed il ritorno a capo
automatico, se così non dovesse essere potete
sempre impostare i caratteri di linea nelle
impostazioni del programma o della casella di
posta manualmente in modo da regolarizzare le
e-mail conformandole a chiunque.

La posta dovrebbe avere un oggetto in testa il quale riflette il contenuto del messaggio.

Il messaggio di posta deve avere sempre un oggetto che riassuma in modo breve e sintetico il contenuto delle e-mail, questo per far capire di cosa parla la e-mail stessa al nostro interlocutore. Inserire la dicitura (lungo) nell'oggetto se il contenuto del messaggio supera le 100 righe.

Se includete una firma tenetela corta. La regola empirica è non più lunga di 4 linee. Ricordate che molte persone pagano per una connessione a minuti, e più lungo è il vostro messaggio, più spenderanno.

Se includete una firma, cercate di mantenerla il più corta possibile, al massimo 4 righe, questo per evitare di appesantire il proprio messaggio; infatti, molti ancora oggi (2009) pagano per una connessione a minuti o hanno una connessione di rete in dial up per cui più lungo sarà il vostro messaggio più pagherà chi lo scaricherà per leggerlo. Nella netiquette come si può notare non vi è scritto di non inserire link che riportino al proprio lavoro o che rendano più rintracciabile il proprio sito web, quindi ciò è possibile farlo. E' però evidente che se inserite una firma voi parlate secondo il titolo inserito nella e-mail.
Ossia, cerco di spiegarlo meglio. Se per esempio nella e-mail vi è scritto:

Direttore Amministrativo di Tizio S.p.A.

allora vuol dire che parlerò per la Tizio S.p.A. in

qualità di Direttore Amministrativo, proprio come se stessi scrivendo una lettera commerciale in piena regola.

Per cui se parlate per voi stessi evitate firme con i titoli, tanto in tutti i software e nei mailing host disponibili sul mercato la firma compare prima che si invii l'e-mail, per cui è possibile eliminarla e modificarla, in alcuni software è possibile utilizzare più di una firma elettronica e sceglierla al momento dell'invio così che si scelga quella corretta.

*Così come la posta (oggi) può non essere privata,
la posta (e le notizie) sono (oggi) oggetto di
falsificazione e truffa di vario genere di
riconoscibilità. Utilizzate il buon senso
"controllate nella realtà" prima di dire che un
messaggio è vero*

Al giorno d'oggi i messaggi di posta come le
notizie potrebbero non essere privati ed essere
quindi oggetto di falsificazione e truffa, per
esempio i phishing o un altro esempio molto
utile è quello di una bambina italiana malata
sin dal 1992 di leucemia, vi chiedono soldi per
sostenere le spese mediche che per la famiglia
molto povera sono molto onerose, vi danno un
contatto telefonico, purtroppo è inattivo ad oggi.
La storia è realmente avvenuta, ma appunto
agli inizi degli anni '90 e la bambina doveva
partire per gli Stati Uniti d'America perchè
dovevano operarla in Florida se non ricordo
male, la situazione si è risolta nel giro di sei
mesi e la bambina ora sta bene, diventata ormai
donna presuppongo non abbia più avuto
problemi nè bisogno. Quindi assicuratevi che le
storie che vi arrivino siano vere, altre ne
arriveranno, come ho sempre detto utilizzate il
vostro cervello e controllate le notizie che vi

arrivano.

Quando inviate informazioni e notizie di qualche genere, date sempre indicazioni perchè controllino la veridicità di quanto detto, tramite liste pubbliche, forum pubblici ed accessibili, libri o siti accreditati, o dando informazioni su come reperire in rete (se possibile) il materiale di cui avete appena parlato, ricordatevi di mantenere sempre le vostre e-mail private, nel qual caso ve ne siano al riguardo, questo per una vostra maggiore sicurezza su quanto poi state introducendo, informando altri. Ciò non vale per le esperienze personali soprattutto lavorative e su quelle informazioni e dati sensibili alla privacy per cui non vi è possibile fornire alcun dato, per esempio numeri privati di persone, anche se di uffici lavorativi pubblici.

Se pensate che l'importanza di un messaggio lo giustifichi, immediatamente rispondete brevemente a un messaggio e-mail per far sapere al mittente che lo avete visto e che invierete una risposta lunga dopo.

Se pensate che un messaggio abbia una certa importanza o il vostro interlocutore abbia richiesto una risposta urgente al suo messaggio, ma non potete rispondere subito, avvertite con un breve messaggio il mittente che avete letto la e-mail, ma non potete rispondere in quel momento e che provvederete ad una risposta più ampia ed esaustiva più tardi. Più tardi non significa, dopo mesi o anni, ma al massimo entro un giorno dall'invio della risposta breve. Il tempo delle persone è importante quanto il vostro e gli altri (come voi stessi) non stanno ad aspettare risposte infinite per problemi di oggi e che hanno bisogno di una risoluzione e di una gestione delle tempistiche molto veloci.

Le aspettative "Ragionevoli" per la condotta via e-mail dipendono dai vostri rapporti con una persona e il contesto delle comunicazioni. Le norme insegnano che in un particolare ambiente la norma generale delle e-mail può non essere applicata generalmente alla vostra comunicazione con altre persone attraverso internet. Siate prudenti con lo slang o acronimi locali.

La "ragionevolezza" di una condotta via e-mail dipendono dai rapporti tra i due interlocutori, è naturale che non utilizzerete la stessa terminologia che utilizzate regolarmente con i vostri amici se contattate il responsabile di un progetto che conoscete a malapena. E' comunque buona regola evitare slang e termini da SMS, o l'utilizzo di troppe emoticons e così di seguito.

Sappiate con chi parlate in modo da evitare gaffe, se non siete sicuri mantenete un tenore di scrittura adeguato alla persona con cui parlate, se la persona con cui state parlando non gradisce la tipologia del vostro linguaggio, limitatevi eviterete così di offendere le persone.

l costi di spedizione di un messaggio e-mail è, in media, pagato equamente sia dal mittente sia dal ricevente (o dalle loro organizzazioni). Questa è differente dagli altri supporti fisici come la posta, il telefono, la televisione, o la radio. Spedendo a qualcuno la posta può anche costare loro in altri specifici modi come la banda di rete, lo spazio disco o l'uso della CPU. Questo è una ragione economicamente fondamentale perchè non inviate e-mail pubblicitarie sgradite e non desiderate (ed è proibito in ogni contesto).

I costi di spedizione di una e-mail sono equamente divisi tra mittente e ricevente, questo se si sono utilizzate le più comuni norme di comportamento descritte in questa netiquette. Quando si parla di costi non si intende solo il costo della connessione ma anche costi di:

a) banda di rete, ogni volta che si invia o si riceve un messaggio di posta la connessione di rete subisce un impegno che varia a seconda del tipo di connessione utilizzata.

b) spazio su disco, ogni e-mail ha una certa quantità fisica di memoria che utilizza, più è grande una e-mail più spazio disco consumerà.

c) CPU, la CPU viene sollecitata ogni qual volta si manifesta un evento nel sistema, quindi sia mentre si scarica la posta, sia mentre la si registra, la si legge, eccetera eccetera.

d) cd-rom o altro supporto mobile, se si vuole salvare un allegato su un supporto magnetico o su altro supporto mobile, anche questo va a gonfiare tutti i costi sostenuti da entrambi gli utenti.

Per tutte queste ragioni e per altre definite dopo, è vietato inviare e-mail di pubblicità sgradite e non desiderate (il così detto spam).

Sappiate quanto è grosso il messaggio che inviate. Includendo un file molto grosso come un Postscript files o programmi possono creare un messaggio così grosso che non è possibile spedirlo o al massimo consuma eccessive risorse. Una buona regola empirica dovrebbe essere non inviare un file più grosso di 50 Kilobytes. Considerate il trasferimento dei file come un'alternativa, o tagliate il file in piccoli pacchetti e inviateli ognuno come un messaggio separato.

Se state inviando dei file assicuratevi che non siano più grossi del massimo che il vostro mailing host vi concede di inviare, indicativamente sono 10 megabyte per e-mail, controllate comunque nelle faq del vostro mailing host per avere una certezza sulla quantità di spazio concesso per l'invio di allegati. Una e-mail regolamentare non dovrebbe superare i 50 kb, compreso il file da inviare. Se non potete fare a meno di inviare e spedire file o e-mail più grossi assicuratevi che il ricevente non abbia problemi nella ricezione di un messaggio così grosso, o spediteli divisi in più pacchetti e quindi più e-mail per riuscire ad

inviarli in modo che il vostro corrispondente li
riceva perfettamente.

Non inviate tanti solleciti di informazioni alle persone

Non inviate molti solleciti di risposta alle persone. Se non conoscete tali persone non inviate in alcun modo messaggi di sollecito, se invece avete un rapporto amichevole o professionale la giusta via di mezzo è di inviare un solo sollecito dopo un tempo di una settimana, se non ricevete risposta entro questa tempistica e non avete altro modo per contattare il ricevente, prendete le vostre decisioni anche professionali in base al classico tacito assenso o in base a vostri parametri professionali, se la persona non vi risponderà in nessun caso, è inutile continuare ad inviare messaggi, la sua mancanza di professionalità (in caso di rapporti professionali) e la sua cafoneria si vedrà tutta in quel momento.

Se il vostro sistema di posta vi permette di inoltrare le e-mail, guardatevi dall'inoltrare a ciclo continuo il messaggio. Siate sicuri di non avere impostato la trasmissione su più di un host in modo tale che un messaggio vi invii in un loop infinito da un computer ad un altro.

Controllate di non aver impostato due o più host di invio delle e-mail, questo può causare problemi in ricezione e nell'invio il sistema si può confondere inviando l'e-mail due volte o un ciclo infinito della stessa alle stesse persone da tutti gli host impostati.

Comunicazione via chat:

La chat è una serie di protocolli i quali permettono a due persone di avere un dialogo interattivo via computer.

Il termine deriva dal verbo inglese *to chat* che tradotto significa chiacchierare, essa è un programma che utilizzando alcuni protocolli di internet permette a due o più persone di parlare in contemporanea tra loro, proprio come se si trovassero l'uno di fronte all'altro anche se però sono a chilometri di distanza l'uno dall'altro.

Una chat è sviluppata in modo tale che le persone scrivano all'interno di appositi box i quali verranno letti solo dopo che saranno stati inviati al destinatario. Questo tipo di programmazione è strutturata su un invio molto veloce di oggetti da un nodo all'altro, la possibilità di poter parlare molto velocemente e quindi di chiacchierare come se le persone fossero presenti nella stessa stanza, accorcia le distanze da paese a paese.

Genericamente le chat utilizzano anche lo scambio peer to peer, comunemente detto p2p, questa è una tipologia di programmazione ad oggetti, che identifica non tanto lo scambio di file, ma lo scambio, di oggetti tra le due chat messaging attive, per questa ragione vi è comunque uno scambio peer to peer in atto che però è soggetto a tutte le difficoltà relative all'ottenimento di una effettiva sicurezza online.

Ciò però non impedisce a chiunque di poterle utilizzare in sicurezza, nonchè di poter parlare con i propri contatti di lavoro, cose personali, cose pubbliche, articoli di giornale o altro.

L'importante è conoscere le potenzialità delle chat ed utilizzarle nel modo corretto e sicuramente appropriatamente per l'utilizzo di cui si necessita e di cui il lavoro stesso necessita.

Utilizzate un misto di caratteri e una corretta punteggiatura, come se steste scrivendo una lettera o inviando della posta.

Utilizzate una corretta punteggiatura ed utilizzate un misto di scrittura tra maiuscolo e minuscolo, anche qui è vietato utilizzare solo il maiuscolo, è considerato urlare. Si può sbagliare naturalmente, è sempre dovere chiedere scusa per l'errore. Utilizzare il maiuscolo solo per imbrogliare gli altri o per cercare di far credere di non sapere le regole, queste cose le fanno solo i troll, quindi astenetevi, utilizzare le regole e saperle utilizzare è decisamente meglio che adagiarsi nell'infattibilità delle cose.

Non correte alla fine della linea e lasciate semplicemente che il terminale reinizi; usate un Ritorno a Capo (CR) alla fine della linea. Inoltre, non presumete che la grandezza del vostro schermo sia come quella degli altri. Una buona regola empirica è scrivere non più di 70 caratteri, e non più di 12 linee (dal momento che si sta utilizzando uno split screen)

Evitate di inviare messaggi vuoti scrivendo molti spazi anzichè inviare subito dopo averlo scritto il messaggio, è inutile e rende l'invio più lungo rispetto al normale intasando la rete internet.

Ricordate che ognuno di noi può avere uno schermo diverso dal vostro e che dieci righe scritte da voi potrebbero essere lette dal vostro interlocutore come venti, o viceversa come cinque righe, evitate di scrivere quindi messaggi troppo lunghi, a meno che non sia strettamente necessario. I nuovi programmi di messagging di solito hanno un limite massimo di lettere per l'invio di messaggi, altrimenti autocontrollatevi ed abbreviate le frasi, sarà più semplice leggere per tutti.

Lasciate qualche margine; non scrivete fino al bordo dello schermo

Non scrivete fino al bordo dello schermo. Al giorno d'oggi le chat utilizzano una metodologia di programmazione che imposta un margine sia a destra sia a sinistra, per cui il problema è stato risolto alla radice dandogli un'impostazione predefinita, se però utilizzate vecchie tipologie di chat controllate nelle impostazioni del programma e correggete le marginature troppo strette.

Usate 2 ritorni a capo per indicare che avete finito e l'altra persona potrà cominciare a scrivere. (linea vuota)

Inviate per due volte il ritorno a capo per indicare al vostro interlocutore che avete finito di parlare; questo, va utilizzato quando il discorso che state facendo è molto lungo e per questo avete spezzato il discorso in più frasi (vedere punti precedenti). In questo caso e solo in questo caso, dovete inviare due volte il ritorno a capo, poichè è meglio evitare di interrompere l'altro mentre parla, quindi quando avrà finito il discorso lungo che ha in mente vi avvertirà con due ritorni a capo dicendovi in questo modo che ha finito di parlare, potete leggere (quindi ascoltare) e poi rispondere alle sue parole, se anche voi avrete una risposta molto lunga che spezzetterete in molte piccole frasi, è naturale che dovrete usare la stessa accortezza utilizzata per voi e quindi inviare due ritorni a capo per indicare che avete finito il vostro pensiero.

*Dite sempre ciao, o qualche altro saluto di
uscita, e aspettate di vedere un saluto dall'altra
persona prima di chiudere la sessione. Questo è
importante specialmente quando comunicate con
qualcuno di molto lontano. Ricordate che la
vostra comunicazione si basa su entrambe le
bande di collegamento (le dimensioni reali della
banda) e la latenza (la velocità della luce)*

Salutate sempre prima di uscire ed aspettate
che l'altra persona risponda al saluto (a meno
che non ci impieghi più di cinque minuti o sia
assente), è importante soprattutto se parlate
con persone molto lontane da voi. Questo perchè
non si può mai sapere cosa ci accadrà o cosa
accadrà agli altri una volta spento o
allontanatici dal computer; potrebbe succedere
un semplice crack della linea o della corrente o
magari qualche rottura dell'hardware, oppure
può succedere qualche imprevisto che ci
costringe a non poter utilizzare internet per
qualche giorno, un'uscita imprevista per
esempio, oppure può succedere qualcosa di
grave (non toccate ferro legno o altro per
cortesia la vita è imprevedibile...;)) una
malattia, un ricovero in ospedale, può capitare
di morire per esempio, o la fine del mondo.

Quindi salutarsi non è solo cortesia, dal vecchio proverbio italiano "salutare è cortesia, rispondere è dovere", ma siccome si collegano ai propri programmi messagging solo le persone di cui si ritiene ci importi un qualcosa, se non vi interessa parlare o avere rapporti con una persona scollegatela dicendoglielo apertamente, fare i trucchetti del contatto spento o che è occupato o assente, è scorretto e da bambini più che da persone mature che sanno utilizzare il mezzo di internet e delle chat. Essendo che ci importa della persona che abbiamo collegato, ci importerà anche se sta bene o male, se ha qualche problema o se invece va tutto bene, salutarsi quindi è naturale tra persone corrette ed educate, soprattutto in uscita poichè ognuno di noi non sa mai se effettivamente potrà di nuovo sedersi alla sua postazione ed accendere di nuovo il computer.

Ricordate che parlare è un'interruzione dell'altra persona. Parlate solamente in modo appropriato. E non parlate mai in modo strano

Ogni volta che voi parlate state interrompendo l'altra persona, o altre persone con voi nella stessa chat, esattamente come nella realtà; utilizzate quindi un linguaggio appropriato e non uno slang o un linguaggio da sms, siate corretti ed interrompete il meno possibile l'altro.

Le ragioni per non ricevere risposta possono essere molte. Non presumete che tutto funzioni correttamente. Non tutte le versioni delle chat sono compatibili fra di loro

Ricordate che se non ricevete una risposta vi è una ragione, potrebbe essere che il problema sia il vostro come invece il loro, non tutti i programmi di messaging sono compatibili tra loro, attualmente i maggiori problemi di compatibilità in questo senso si hanno tra Windows Live Messangers di Microsoft e tutti gli altri programmi di messaging non ufficiali per la categoria Messangers, per esempio il multi-protocol di istant messaging Gaim o Pidgin, dove si riscontrano enormi problemi nell'utilizzo dello stesso con il programma Live Messangers di Microsoft soprattutto con chi utilizza il sistema operativo Vista della Microsoft.

Quindi cercate prima di tutto di controllare se vi sono problemi di compatibilità, utilizzando altri software di chat messagging, utilizzate il programma che meglio risponde alle vostre esigenze e non è detto che sia per forza il programma griffato.

Se lasciate il vostro contatto abbandonato per qualche attimo, parlate di nuovo con il destinatario con cui stavate parlando precedentemente. Permettetegli di parlarvi una o due volte, prima di chiudere il contatto

Se lasciate il vostro contatto per qualche attimo, quando ritornerete parlerete di nuovo con i contatti che avete lasciato appesi ed in sospeso, questo per fargli sapere che siete tornati e che se vogliono possono continuare a parlarvi. Prima di chiudere definitivamente il contatto permettetegli di parlarvi di nuovo per un paio di volte e di salutarvi, se per caso non potete continuare la conversazione precedente.

Se una persona non vi risponde dovete cercare un altro tty (programma per parlare in chat, ndt). Usateli tutti per determinare quali siano aperti. Se una persona non risponde, non continuate ad inviare

Se una persona proprio non vi risponde allora cercate un altro programma di instant messaging con cui parlare. Evitate dunque di utilizzare prodotti incompatibili fra di loro, nel qual caso abbiate un sistema operativo diverso da quello della Microsoft, sarebbe inopportuno cambiarlo, ognuno si sceglie il sistema operativo che vuole ed internet deve essere di tutti e per tutti quindi accessibile da chiunque con qualunque programma e non di certo con un solo sistema operativo e un solo programma di messangers, per cui se proprio non riuscite a parlare con il vostro interlocutore e, come detto prima, vi importa di parlare con lui, cercate un altro programma di instant messaging oltre a quello microsoft per poter parlare con lui, utilizzate altri prodotti compatibili che non diano problemi, se proprio non riuscite a parlare con lui, provate con altre tipologie di contatto, yahoo messangers, icq, gtalk, aim, e molti altri a seconda di quello con cui vi trovate meglio. In fondo si usano le chat per il piacere di parlare insieme non per il piacere di utilizzare un singolo prodotto informatico.

In chat guardate la vostra abilità nello scrivere.
Se la vostra scrittura è lenta e crea errori
quando digitate spesso non trovate il tempo per
digitare la parola corretta, le altre persone
possono ugualmente interpretare cosa significa
la parola

Controllate ciò che scrivete in chat, cercate di scrivere in modo corretto e non in slang, non utilizzate il linguaggio sms ed utilizzate le emoticons per evidenziare un vostro stato emotivo e non eccedetene nell'uso. Se per caso, per caso, sbagliate a scrivere e non avete tempo di correggere l'errore inviate comunque, le altre persone potranno capire tranquillamente ciò che avete scritto, se non capiscono sicuramente chiederanno e spiegherete o riscriverete la parola corretta. **Se però avete tempo, correggete l'errore anche nel qual caso vi parta per sbaglio la parola errata e non ve ne siete accorti**

Fate attenzione se avete più di una sessione di chat aperta!

State attenti quando avete più finestre aperte, controllate se state scrivendo nella finestra giusta e, nel qual caso sbagliaste scusatevi con il/i vostro/i interlocutori

Gli amministratori di portali:

Gli amministratori dei siti hanno delle responsabilità precise delineate prima di tutto dalla regolamentazione dello RFC 1855 e successivamente anche dalla legge dei vari stati del mondo, si deve tenere conto che l'amministratore di siti deve sottostare sia alle leggi dello stato in cui risiede sia a quelle dello stato in cui il server su cui poggia il suo sito ha sede.

L'amministratore è una persona reale che acquista un servizio da un hosting che è altrettanto reale, questa tipologia di compravendita è reale a tutti gli effetti quindi ogni dominio sottostà a regolamenti virtuali e leggi reali, ogni amministratore è tenuto a mantenere il proprio sito in modo che tutti, ma proprio tutti possano usufruirne se non evadono le regole di internet e non fanno nulla di male.

Se internet è di tutti è naturale che in internet possano stare tutti e che tutti possano parlare e comunicare in modo corretto con altri anche se hanno idee diverse dalle nostre,

l'amministratore è tenuto a ripulire il proprio sito in modo che chiunque possa transitare e possa essere a proprio agio, nonchè possa essere sicuro che l'amministratore lo tuteli in caso di attacchi esterni non veritieri.

Siate sicuri di avere stabilito le linee guida scritte per il trattamento delle situazioni illegali, improprie, o sugli utenti

Accertatevi di aver scritto le regole delle chat e di averle rese accessibili e ben visibili nel sito d'ingresso o in un apposito link visibile a tutti i partecipanti, sia per le situazioni illegali (le quali **devono essere comunicate alle autorità competenti**) sia per le situazioni tra gli utenti e per le situazioni improprie ad una chat o per qualunque altra cosa. Ricordatevi di essere molto puntigliosi e di specificare ogni singolo punto che gli utenti dovranno seguire, evitate di mettere cose generiche per evitare fraintendimenti di ogni sorta con i vostri utenti, più date certezze meno problemi avrete (ce ne saranno sempre purtroppo ma almeno saranno limitati ai pochi lamer e troll che incontrerete sulla vostra strada)

Gestire le richieste in modo tempestivo - generalmente entro il primo giorno lavorativo

Gestite le richieste degli utenti in modo tempestivo, generalmente dopo un giorno lavorativo. In questo caso le richieste degli utenti sono le richieste di accedere alla chat nel momento in cui essa non ha un'iscrizione automatica. E' comunque possibile che le richieste dei vostri utenti si riferiscano al controllo di alcune persone che sono all'interno e che le molestano in qualche modo, oppure a richieste effettive di filtraggio dei messaggi o altro di simile. Accertatevi che i vostri utenti vi possano contattare e di aver messo a disposizione un alias o una e-mail di servizio per questi casi. Siate pronti a sistemare i bachi nel più breve tempo possibile, in questo modo creerete meno problemi ai vostri utenti e il vostro sito sarà più snello nella gestione.

Rispondere prontamente alle persone che si preoccupano sulla ricezione di messaggi impropri o illegali. Le richieste concernenti catene di S. Antonio devono essere gestite immediatamente

Gestite prontamente le richieste di informazioni su messaggi impropri o illegali, gestite le richieste di blocco delle catene di S.Antonio in modo pronto ed immediato, dovete essere in grado di poter bloccare eventuali lamer che optino per l'invio di tali messaggi sempre e comunque sia che voi deteniate un forum, una mailing list o altro è vostro compito eliminare tutti quegli elementi che turbino il buon proseguimento del vostro lavoro e della vostra comunità.

Spiegate le regole con ogni sistema, come ad esempio le quote del disco rigido, a disposizione dei vostri utenti. Fate in modo che abbiano compreso tutte le richieste che l'amministratore richiede sull'invio di files via e-mail come: il riempimento del disco; le bollette telefoniche, ritardi delle e-mail, eccetera eccetera

Spiegate le regole in ogni modo e in modo molto chiaro, come le quote di disco che hanno a disposizione per ognuno, la banda, il costo che devono sostenere (sempre che ci sia), se vi sono parti gratuite e parti non gratuite specificate bene quali siano quelle gratuite e quelle no, come dovete spiegare bene e precisamente le regole per il copyright

Fate in modo che abbiate aliases di "postmaster". Fate in modo di avere un alias per "root". Fate in modo che qualcuno legga quelle e-mail

Utilizzate degli aliases per comunicare con gli utenti, fate in modo che gli aliases siano conosciuti e che le persone sappiano come contattarvi, quindi rendete ben visibile l'alias agli utenti perchè vi contattino con facilità

Esaminate le denunce sui vostri utenti con una mentalità aperta. Ricordate che i loro indirizzi possono essere rubati e spooffati

Esaminate le denunce sui vostri utenti con una mentalità aperta, ricordando comunque sempre le regole informatiche. Ciò significa che quando qualcuno vi richiede di controllare alcuni dei vostri utenti non si dice "sei troll", "non è vero, non sai di chi stai parlando", "non capisci nulla" (tanto per essere gentili), "non sai nulla di queste cose io sono laureato e sono famosissimo", non si insultano gli utenti che vi segnalano bachi o lamer all'interno, nemmeno quelli che vi segnalano abusi sulle e-mail o sui messaggi privati riportati, non si dice "è un mio amico, la mia ragazza, mia moglie" (e viceversa), "è mio parente", eccetera eccetera. Non si fa nulla di tutto questo, ma si indaga tranquillamente utilizzando tutte le tecniche informatiche concesse dalla legge (sono tre in croce e bastano, avanzano ed abbondano, per fare questo tipo di indagini) per poter controllare se e da dove arrivano tali messaggi. In questo tipo di indagini tutto è possibile, sia che ip ed e-mail vengano spooffati, sia che siano effettivamente loro che inviano messaggi abusivi, illegali e che fanno i lamer. Se riscontrate un baco in associazione ai lamer, riparatelo. Cosa non fare per controllare se siano coloro che vi segnalano o meno?

a) utilizzare il buon senso.

b) utilizzare il tatto, sono sempre persone.

c) non ingannatele, si può fare tutti i controlli senza inganni, sono inutili e vi pongono in cattiva luce, sia da una parte sia dall'altra.

d) non si raggirano gli altri imbastendoli con tante parole di contorno per poi cercare di ottenere le informazioni.

e) dite sempre la verità

f) non si entra nelle caselle degli altri per leggerne la corrispondenza

g) non si inviano pacchetti infetti sui computer degli altri

h) non si sfondano i sistemi degli altri per ottenere le informazioni leggendo e navigando nei loro computer. **Questo non si fa mai, nemmeno se non c'è una segnalazione di**

lamering.

i) non si controllano gli ip dei vostri utenti partecipanti alle chat, forum, mailing list, portali eccetera eccetera; se non avete segnalazioni di lamering nei loro confronti e solo ed esclusivamente in questo caso, non per curiosità o altro.

l) non si bannano le persone che vi segnalano uno o più lamer all'interno del vostro sito o dei bachi, chat o quant'altro, anche se vi ha segnalato che un vostro amico o una persona famosa ha utilizzato il mezzo in modo improprio.
Queste cose le fanno i lamer non gli amministratori dei siti e nessun altro a dire il vero.

Se non avete una mentalità abbastanza aperta e sicuramente se non siete imparziali, se non sapete indagare in modo corretto e senza evadere le leggi, non aprite nemmeno un sito, se l'avete chiudetelo e state nei siti degli altri sicuramente fate un favore ai vostri utenti ed al resto del mondo.

CAPITOLO III

Comunicazione tra molti

La comunicazione tra molti si ottiene nel momento in cui si intercede con molte persone contemporaneamente, questo è il caso di mailing list, newsgroup, forum, chat, giochi e programmi multi utente per il quale vi è una comunicazione in qualunque modo tra più persone.

E' possibile utilizzare tutte le regole precedentemente dette, parlare con una persona sola e parlare con molte persone contemporaneamente non modifica nulla nel comportamento da utilizzare, l'unica differenza è che si possono offendere una maggiore quantità di persone contemporaneamente o, se il messaggio è diretto ad una sola persona, è possibile offendere una sola persona davanti a più persone, quindi in pubblico.

Infatti, nel capitolo precedente sono stati anticipati alcuni comportamenti ed argomenti che verranno specificati meglio in questo capitolo; effettivamente ogni sezione della netiquette è a se stante ma si può benissimo utilizzare come metro di giudizio unico nelle proprie conversazioni.

E' importante sapere se e quando è utile utilizzare una o più regole appartenenti ad altre sezioni del programma da noi utilizzato per conversare con gli altri, avrete più possibilità di evitare fraintendimenti con i vostri contatti.

Leggete entrambi, mailing lists e newsgroups, per uno o due mesi prima di pubblicare qualunque cosa su di esso. Questo vi aiuta a capire la cultura del gruppo

Leggete newsgroup, mailing list, forum e chat o altro di stessa tipologia con attenzione per almeno due mesi prima di pubblicare qualcosa. Leggendo potrete capire il reale tenore della comunità, quali messaggi sono graditi e quali invece è meglio non mettere, come si comportano tra di loro e se vi sono problematiche di qualche tipo all'interno della stessa.

E' necessario fare ciò per evitare di inserire un messaggio che non sarebbe accettato o che non riguarda quella specifica comunità ma altre comunità che parlano di argomenti diversi e più consoni a ciò che abbiamo scritto.

Non biasimate l'amministratore di sistema per
il comportamento degli utenti del sistema

Non biasimate l'amministratore di sistema per
ciò che gli utenti di quel sistema dicono
all'interno delle varie community. Ricordiamo
che la netiquette è nata nel 1995, a quei tempi
esistevano pochi host e chi aveva mailing list o
newsgroup era perchè metteva a disposizione il
proprio server per un uso di questo tipo, di solito
coloro che permettevano un utilizzo di questo
tipo erano anche gli stessi amministratori dei
newsgroup o delle mailing list. Ad oggi, invece,
bisogna distinguere tra amministratori di
sistema, ossia gli host che ci consentono di poter
creare mailing list, forum, chat, siti, blog e
quant'altro, a volte anche gratuitamente, che
sono gli amministratori del sistema effettivo e
gli amministratori delle varie comunità che sono
coloro che acquistano o ricevono in via gratuita
una porzione di server in comune con altri
utenti o un server dedicato.
Questa distinzione ci servirà fra poco, ora
definiamo un termine particolare che è stato
utilizzato sia nella netiquette ufficiale, sia nella
traduzione e riproposto prima: **biasimare**.
Il termine biasimare significa comprendere e
non compatire che sono due cose ben diverse, a

questo punto la frase della netiquette
suonerebbe così:

**Non comprendete gli amministratori di
sistema per gli utenti del sistema che lo
utilizzano**

La differenza è sostanziale, visto che ne deriva
una responsabilità diretta ed oggettiva degli
amministratori per coloro che sono all'interno
del sistema. Ora però, riprendendo le definizioni
sopra esposte, dobbiamo chiarire quale tipo di
amministratore è responsabile e soprattutto di
cosa è responsabile, in ogni caso ogni
amministratore è responsabile di ciò che ha
all'interno del proprio sistema.

L'amministratore di sistema dell'hosting che
concede il server in utilizzo è responsabile dei
pacchetti filtrati nel proprio sistema, in entrata
ed in uscita, se vi è uno sfondamento di rete sul
server da lui gestito deve sistemare in modo che
i propri utenti che sono su quel server non
abbiano problemi, per cui se un amministratore
di forum, chat o altro, rileva uno sfondamento
sul server centrale (questo è possibile
controllarlo dai log di sistema messi a
disposizione da un qualunque buon web hosting)
deve avvertire il proprio hosting che deve
rimediare tramite il proprio firewall o tappando
la falla di sicurezza che vi è. Inoltre,
l'amministratore di sistema **non è**

responsabile del comportamento proprio dei vari utenti, per esempio non è responsabile se un utente utilizza la sua porzione di server per inserire materiale illegittimo in rete, ma è responsabile davanti alle autorità se tale materiale causa problemi, per cui è tenuto ad eliminare il materiale su richiesta delle autorità.

L'amministratore del sito, forum, newsgroup, mailing list è responsabile solo della parte che lui stesso gestisce, per cui sarà responsabile della programmazione del sito nel qual caso vi siano bug di programmazione sarà tenuto a provvedere a ripararli o a contattare il webmaster perchè ripari il bug; **non è responsabile del comportamento del singolo utente**, ma è responsabile dell'ordine pubblico all'interno del suo sito, è tenuto ad avvisare il suo hosting se vi sono sfondamenti di rete dal server centrale o altri problemi di bug.

Non è reato o illecito penale o civile assistere ai reati perpetrati nei vari siti, ma se si consente di continuare a compiere reati a una o più persone in alcuni casi si può incorrere in concorso in reato.

Se l'amministratore rende legittimo un reato all'interno del suo sito e lo facilita o addirittura lo asseconda è complice del reato stesso.

E' quantomeno dovere civile avvisare le autorità

competenti nel qual caso si assista a dei reati in
rete.

Considerate che i vostri posts avranno un largo ascolto. Che possono vedere il vostro attuale o prossimo capo. Fate attenzione a cosa scrivete. Ricordate anche, che le mailing lists e i newsgroups sono frequentemente archiviati, e che le vostre parole possono essere immagazzinate per un periodo molto lungo in un posto il quale molte persone hanno accesso

Ricordate che una volta che inserite un post o un articolo in rete, esso potrà essere trovato con molta facilità (a meno che la comunità non sia non-indicizzata o i post inseriti non sono indicizzabili, come per esempio i commentari dei vari CMS), quindi ogni vostro post, ma anche il vostro comportamento in certe situazioni potrebbe essere al vaglio di chiunque anche dei vostri capi, precedenti o futuri. Qualunque cosa voi dite è visibile, soprattutto a livello professionale, ogni cosa che voi dite si può traslare sul vostro lavoro, non immaginatevi che essere coperti da un nick vuol dire che potete dire tutto e fare tutto, ciò non è vero, chi rimane sotto al vostro nick siete voi e se dite qualche cosa che non è corretta a livello professionale qualcuno potrebbe riconoscervi e la vostra professionalità non essere più tale. Ricordate inoltre che i post possono risiedere a lungo nelle cache dei motori di ricerca e negli archivi delle community o perchè no dei computer di chi riceve le vostre cose[3].

---

[3] vedere regola sulla sicurezza numero 6 descritta in questo articolo
http://wordinthewind.weebly.com/1/post/2012/04/e-security-l e-regole-della-sicurezza5.html

Presupponete che i singoli parlano per loro stessi, e che ciò che loro dicono non rappresenta la loro organizzazione o società (a meno che non è stato detto esplicitamente)

Ogni singolo parla per se stesso e non per la società o l'organizzazione che rappresenta ove non esplicitamente detto. Ciò implica che ogni pensiero o post scritto o e-mail inviata è assolutamente personale, ossia, se sto parlando con l'amministratore delegato di SSGR, egli parlerà per se stesso a meno che:

a) non dirà esplicitamente "Noi di SSGR S.p.A."

b) non avrà scritto in firma "Amministratore delegato di SSGR S.p.A. - Pinco Pallo"

c) oppure non avrà scritto "La società SSGR S.p.A...."

Per cui se non esplicitamente detto o scritto in firma (quindi attenti anche alle firme) la persona sta parlando per se stessa, come pensiero personale e non di più persone, è possibile però inserire un'indicazione del tipo "per me", "secondo me", "per mia opinione", "imho", e svariate altre per rafforzare l'idea in

coloro che ascoltano che è effettivamente un'idea
personale o un pensiero personale e non della
società di cui si fa parte, questo soprattutto
quando si sta parlando di argomenti che
potrebbero portare a confusione ed identificare
in chi parla un soggetto diverso.

Ricordate che entrambi, posta e newsgroups, prendono le risorse del sistema. Porre attenzione a ogni specifica regola che copre gli usi e costumi che la vostra organizzazione può avere

Ricordate, che come ogni cosa che viene utilizzata sulla macchina, tutti i portali e i messaggi che inviate assorbono le risorse del sistema quindi state attenti a come li utilizzate e controllate le politiche della vostra società prima di utilizzarli.
Se non è consentito utilizzarli mentre siete al lavoro evitate di utilizzare le macchine dell'ufficio per collegarvi in rete, ad oggi sono disponibili molti portatili ed USB connection che vi permettono di utilizzare internet senza rubare la connessione alla vostra società.
Naturalmente controllate che possiate utilizzarlo in pausa pranzo e che non sia vietato nemmeno in quel frangente.

I messaggi e gli articoli dovrebbero essere brevi e concisi. Non andate off -topic, non bighellonate e non mandate messaggi di posta o post solo per segnalare errori nella scrittura o di ortografia. Questi, più che ogni altro comportamento, vi marcano come un immaturo nuovo utente di internet

I messaggi che inviate dovrebbero essere brevi e concisi, evitate gli off topic, ossia di parlare di cose non inerenti all'argomento trattato. Non bighellonate, ossia non inviate messaggi tanto per fare o per insultare gli altri o solo per far vedere il proprio nome in lista, messaggi del tipo "+1", non sono corretti, a meno che l'argomento del discorso non è un sondaggio da fare specificatamente via e-mail. Con ciò non significa che non possiate scrivere in luoghi e comunità appropriate post divertenti e rilassanti, ma semplicemente è meglio evitare di scrivere tanto per fare, internet è fatta anche per socializzare ed apprendere di culture non uguali alla nostra e di pensieri non simili a noi, proprio come se parlassimo nella realtà con altre persone di culture diverse e di ideologie diverse, ma internet non è fatta per prendere in giro gli altri (in modo scorretto e solo per umiliarli), o per attirarli in progetti che non partiranno mai, per fargli fare lavori che non serviranno a nulla e che non avranno altra utilità che la perdita di tempo degli altri. Il tempo, come specificato meglio in altro punto è importante e va utilizzato in modo coerente, sia il vostro sia quello degli altri, abbiate rispetto del tempo di tutti.

Gli oggetti delle conversazioni dovrebbero
seguire le convenzioni del gruppo

Gli oggetti delle conversazioni dovrebbero essere abbinate agli argomenti della comunità che seguite, se si parla di cavolfiori inutile iniziare a parlare di patate, sarebbe inutile ed una perdita di tempo. E' possibile però poter inserire un tag con su scritto [OT] prima dell'oggetto delle e-mail, questo solo nel caso sappiate che ci siano persone all'interno della comunità che possano essere interessate al messaggio postato, ciò può essere fatto, è assolutamente accettato ma è meglio non abusarne

Rubare e spooffare non sono comportamenti approvati

Rubare e spooffare, sfondare porte o server, prendere gli e-mail o gli ip in modo inappropriato ed utilizzarli in malo modo, utilizzare internet in modo inappropriato e illegale, non sono comportamenti accettati e accettabili, ciò vi rende uguali ad un lamer ed un cracker, non siete diversi da loro e verrete trattati come loro, non bene.
Utilizzare in modo corretto il web deve essere una buona abitudine a cui non rinunciare mai.

La pubblicità è benvenuta su qualche lista e newsgroups, e aborrita su altri! Questo è un altro esempio del conoscere ed ascoltare gli altri prima di postare. Non sollecitate la pubblicità la quale è completamente off-topic è quasi certo che riceverete una grande quantità di posta d'odio

In alcuni posti la pubblicità è benvenuta, la pubblicità delle proprie comunità non è considerato spam, ma deve seguire le regole del sito in cui siete, quindi leggete bene il regolamento delle varie comunità, lo spam del tipo "vendita di pilloline blu" oppure "vendita di prodotti che non sono in argomento con la comunità in cui siete" è considerato spam e non pubblicità, non fatene. Se siete insicuri che la pubblicità che volete scrivere sia approvata o meno, contattate gli amministratori che vi diranno se potete scrivere o meno e dove, all'interno della comunità

Se avete inviato una risposta a un messaggio o ad un post siate sicuri di riassumere l'originale all'inizio del messaggio, o includete solo il testo sufficiente dell'originale per dare un contesto. Questo renderà sicure le persone che sapranno quando cominciare a leggere le vostre risposte. Dal momento che i newsgroups, specialmente, sono una distribuzione dei post da uno host all'altro, è possibile vedere una risposta a un messaggio prima di vedere l'originale. Questo contesto aiuta chiunque. Ma non includete l'intero originale!

Quando inviate risposta a post o e-mail, se si tratta di mailing list, ad un messaggio che includete nello stesso, di solito viene inserito in fondo all'e-mail o post, ricordate di inserire anche un riassunto dello stesso in modo che le persone sappiano a cosa vi state riferendo. Questo è utile anche nel momento in cui in una mailing list, si sta facendo un discorso lungo tra tutti gli interlocutori che dura per giorni interi, quindi chi trova la stessa conversazione sui motori di ricerca ma non ha seguito tutto il discorso si ritroverà a non capire chi viene quotato ed il perchè di alcune parole, è sempre meglio quindi mettere un riassunto nelle conversazioni lunghe prima della propria risposta, oppure per una distribuzione differente degli host è possibile vedere prima la risposta e poi la domanda, quindi questo metodo aiuta ancora meglio nell'identificare ciò che si dice in ogni sua parte. Attualmente vi è anche l'usanza di quotare alcune parti sopra e rispondere sotto, non è scorretto ma non è nemmeno obbligatorio, dipende da come ognuno si trova bene e da cosa si deve scrivere, se ha meno importanza come si quota o si risponde in una conversazione generica, probabilmente in una conversazione tecnica e professionale potrebbe essere importante quotare sotto e non sopra, controllate sempre ciò che dovete scrivere e decidete di conseguenza, in alcune mailing list o in alcuni altri siti è necessario quotare sotto, assicuratevi su questo punto e cercate di adeguarvi alle loro regole. Evitate di includere però tutto il messaggio completo, anche se inserito sotto tutta la vostra risposta, a meno che non sono due righe o giù di lì.

Ancora, siate sicuri di avere una firma da allegare al vostro messaggio. Questo garantirà che ogni persona iscritta alla mailing list o al newsreader non elimineranno un messaggio di testa il quale è l'unico che può far raggiungere il mittente

Assicuratevi di inserire una firma all'interno dell'e-mail, questo aiuta ad identificarvi come l'autore del messaggio, ma aiuta anche i riceventi che non vi conosco a potervi rintracciare se vi è bisogno. Per esempio, se rispondete ad un messaggio in cui richiedete informazioni, o date informazioni, dopo mesi qualcuno potrebbe non sapere come ricontattarvi se non avete messo una firma che vi identifica. Non è detto che la firma debba contenere per forza nome e cognome, ma è necessario che vi rendiate reperibili.

Abbiate cura quando rispondete al messaggio o al post. Frequentemente le risposte sono inviate indietro all'indirizzo che ha originato il post - il quale in molti casi è l'indirizzo della lista del gruppo! Potete accidentalmente inviare a una persona le risposte riferite a un gruppo di molte persone, ciò è imbarazzante per tutti i soggetti coinvolti. La cosa migliore è riscrivere l'indirizzo anzichè basarsi sul tasto "rispondi"

Non utilizzate messaggi di ricevuta delle e-mail, o messaggi di mancata ricevuta della posta o ancora messaggi di assenza programmati nelle mailing list; a qualcuno può dare fastidio. In caso di una vostra assenza programmata è meglio avvisare manualmente tutti gli intestatari coinvolti che potrebbero avere un'interesse nell'avviso della vostra assenza

Se ricevete un messaggio personale avuto da una lista o un gruppo, inviate le vostre scuse alle persone e al gruppo

Se ricevete un messaggio personale su una lista o un gruppo o un forum, fate le scuse agli altri, o è anche possibile che sia chi ha scritto il messaggio privato che si scusi di aver inviato un messaggio privato in lista pubblica

Se vi trovate in disaccordo con una persona,
cercate di risolvere la questione in via privata
anzichè continuare ad inviare messaggi alla
lista o al gruppo. Se dibattete un punto sul
quale il gruppo potrebbe avere qualche interesse,
dovreste riassumere per chi non ha seguito sin
dall'inizio e arriva successivamente

Se vi trovate in disaccordo con una persona e
non riuscite a conciliare le idee, cercate di
risolvere in via privata senza continuare a
litigare in pubblico; se però la discussione
interessa anche gli altri della comunità è
consentito continuare in pubblico. Cosa significa
risolvere in privato le divergenze e cosa è
esattamente considerato privato su una lista
pubblica?
Si può dire che è privato tutto ciò che non
riguarda direttamente il topic aperto o che non
ha un argomento di rilevanza con la lista o la
comunità con cui si sta interagendo. Facciamo
alcuni casi di conversazione, se per esempio la
lista parla di cipolle, il tema affrontato dovrà
essere relativo alle cipolle (come spiegato
precedentemente vi è possibilità di fare OT [off
topic] se vi è una stretta necessità), se si
scrivono temi del tipo "Ciao che fai domani a
cena?" "vado a mangiare da mia suocera" (la

risposta), questo è una questione privata che al resto della lista potrebbe non interessare e di cui si può parlare tranquillamente in privato; se invece, si sta discutendo della zuppa di cipolle francese e in due sono in disaccordo se le cipolle vanno tagliate a julienne o a cubetti di 1 cm., anche se si arriva ad una discussione animata non è fuori luogo ed interessa la lista, se scappano parole grosse è sempre meglio chiedere scusa, utilizzate tutte le altre regole precedentemente dette, se per caso esce qualche esperienza personale all'interno della conversazione, non è necessariamente un OT, ma può essere di utilità per capire anche il perchè si dicono un certo tipo di cose e se non conoscete le persone può essere utile per comprendere di più della stessa. E' comunque necessario non eccedere e fermarsi, se non si raggiunge un accordo è comunque inutile ed infruttuoso continuare

*Non cominciate una guerra di flames. E
nemmeno postate o rispondete a messaggi
provocatori*

Non cominciate una guerra di flames, è inutile e
superflua, non servono a nulla se non ad
arrabbiarsi e basta, evitate quindi di continuare
a gestire le conversazioni in modo da provocare
gli altri. Evitate anche di rispondere a messaggi
provocatori, questo renderebbe solo merito ai
troll che lo hanno scritto e non di certo a chi
risponde, ossia avranno fatto un punto, visto che
lo sport mondiale dei troll è quello di provocare
gli altri.
**Non scrivete messaggi provocatori
appositamente per mettere alla prova le
persone, per vedere se rispondono e come
rispondono, questo lo fanno i troll e non
altri, e troll si è se si fanno queste cose.**
Ricordatevi che siete in luogo pubblico e se
rispondete in un certo modo tutti potranno
leggere, quindi se insultate o provocate
qualcuno è tutto pubblico. A domanda pubblica
risposta pubblica, ad insulto pubblico richiesta
di scuse pubbliche e successive scuse pubbliche.
Queste le uniche eccezioni a questa regola. Le
scuse pubbliche sono assolutamente necessarie

se si ricevono insulti pubblici e chi insulta è
tenuto a darle, questo vale anche per il privato e
non solo per il pubblico, naturalmente scuse
sentite altrimenti è inutile darle nemmeno,
sarebbero l'ennesima bugia

*Evitate di inviare messaggi o di postare articoli
i quali non sono mai che risposte gratuite ad
altre risposte*

Non scrivete post o articoli che sono solo
risposte gratuite ad altri post o articoli, ciò
renderebbe inutile l'articolo o il post stesso.
Evitate quindi di dare botta e risposta ad
articoli o a post che non sono In Topic o che non
hanno senso, non costruiscono una discussione
nè ne facilitano la gestione e che potrebbero
creare problemi di comprensione e di gestione
della stessa

State attenti ai font monospacing e ai diagrammi. Questi verranno visualizzati differentemente da ogni sistema, e da differenti mailers sullo stesso sistema

Attenzione a quando inviate diagrammi nelle e-mail o se utilizzate font monospace, ogni sistema operativo o mailer o mailing hosting li può visualizzare in modo differente per cui quando le altre persone leggeranno ciò che avete inviato non è assolutamente detto che vedano lo stesso modello che avevate impostato in partenza. Meglio utilizzare dei font o dei diagrammi comunemente compatibili, se non siete sicuri chiedete prima di inviare qualcosa la tipologia di estensione che preferiscono così da inviare i documenti in modo leggibile per chiunque.

Ci sono Newsgroups e Mailing Lists i quali discutono di topics vari e di vari interessi. Ciò rappresenta una diversità dei vari stili di vita, religioni, e culture. Postando articoli o inviando messaggi a un gruppo i quali punti di vista sono offensivi per voi semplicemente parlatene a loro che le loro offese non sono accettabili. Messaggi sessuali e razziali molesti possono implicare una responsabilità giuridica, penale o civile. Ci sono software che danno la possibilità di filtrare parole o interi oggetti che vengono considerati discutibili

Ci sono newsgroup e mailing list di interesse generale e vario in cui vi è una generalità di culture, di stili di vita e di religioni diverse e si parla di qualunque cosa e gli articoli postati potrebbero non essere ciò che vi aspettate o possono essere addirittura offensivi per voi. Se ciò avviene parlatene agli altri o con l'amministratore dicendogli appunto ciò che vi turba ed il perchè, per il bene del gruppo e della comunità è meglio che nessuno offenda nessuno, quindi per il rispetto denominato già in precedenza che si deve avere verso gli altri, ci si deve limitare in ciò che si dice.

Tutti si devono limitare per il bene degli

**altri e per il bene della comunità, non solo
una o due persone o solo una parte della
comunità, questo sarebbe razzismo.**

Il rispetto fa parte di questa netiquette in
modo costante, avere rispetto degli altri
significa sapersi autolimitarsi ad atteggiamenti
e pensieri senza offendere gli altri, ciò non
significa essere ipocriti, ma semplicemente
esprimere le proprie idee in modo consono ed
educato, chiedendo scusa anticipatamente se
qualcuno potrebbe offendersi, ciò però solo ed
esclusivamente se l'articolo può essere utile alla
discussione e non di certo se è fatto solo per
offendere qualcuno.

Supponiamo che ci siano molte persone sedute
intorno ad un tavolo e qualcuno bestemmia, il
rispetto e la libertà di parola dovrebbe essere
dovuta a tutti, se qualcuno si sente offeso dalla
bestemmia dovrebbe parlarne apertamente
senza però essere accusato di bigottismo per
questo, sempre per la stessa regola del rispetto
chi ha bestemmiato sapendo che c'è qualcuno
che si offende dovrebbe limitarsi e non
bestemmiare. Nel qual caso chi bestemmia, alzi
le spalle e continui nel suo atteggiamento non si
dovrà scomporre minimamente se ad ogni sua
bestemmia gli giungerà all'orecchio un lode
contraria al suo insulto.

Da ricordare sempre è che i messaggi sessuali e

razziali molesti implicano una responsabilità
giuridica penale e/o civile, state attenti quindi a
cosa dite e se qualcuno vi dice che si sente
offeso, comprendete, non compatite, scusatevi e
limitatevi, se ciò non accade è naturale che non
si usa internet per prendere in giro o insultare
ad oltranza con la scusa della libertà di parola e
viceversa non vi è nessuno che rimane in una
comunità in cui lo si insulta o lo si prende in
giro ad oltranza, quindi aspettatevi che se le sue
richieste di correttezza non vengano accettate
per una mancanza di rispetto così totale e
abietta quella persona non rimanga e non
continui a rimanere in quella comunità ma si
allontanerà per poter lavorare e rimanere e
parlare tranquillamente e rispettosamente con
altre persone che conoscono bene il mezzo che
usano e che non hanno timori dei pensieri
altrui.

Le mailing list

Prima di accedere ad una mailing list, accertarsi
di aver compreso bene le politiche di
partecipazione alla stessa, controllate gli storici
e rimanete ad ascoltare, quindi leggere, per
almeno due mesi prima di scrivere qualcosa
all'interno di essa.
Ricordatevi che esistono i cosiddetti
news-answer che sono file specifici che
raccolgono gli indici delle varie mailing list,
quindi potete cercare le mailing list più
appropriate sia per i vostri interessi personali
sia per il vostro lavoro.

Inviate la sottoscrizione e la de-iscrizione dai messaggi all'indirizzo appropriato. Sebbene qualche software per mailing list riesce ad utilizzare l'indirizzo corretto, non tutti però. Sebbene molte mailing list aderiscono ad una richiesta convenzionale "-request" di alias per l'invio della sottoscrizione e de-iscrizione dai messaggi, ma non tutte. Siate sicuri di conoscere gli usi e costumi delle liste alle quali vi iscrivete

Inviate le richieste di iscrizione e di de-iscrizione agli indirizzi appropriati, non tutti i software utilizzano l'indirizzo corretto e quindi è necessario controllare prima di inviare la richiesta. Assicuratevi di aver compreso e letto bene le regole vigenti all'interno della comunità in cui vi apprestate ad entrare

Salvate i messaggi delle sottoscrizioni per ogni lista a cui accedete. Queste usualmente vi dicono come de-iscrivervi da loro

Salvate i messaggi di iscrizione alle mailing list, di solito vi dicono gli indirizzi corretti per scrivere all'interno della stessa e l'indirizzo da utilizzare per la de-iscrizione.

In generale, non è possibile recuperare i messaggi una volta inviati. Nemmeno l'amministratore di sistema sarà in grado di recuperare i vostri messaggi una volta inviati. Questo significa che dovete essere sicuri di ciò che volete realmente inviare nel vostro messaggio prima di postarlo

Di solito non è possibile recuperare i messaggi che si inviano alla mailing list, a volte nemmeno l'amministratore, quindi state attenti a ciò che inviate, controllate prima che sia corretto e che sia stato inviato all'indirizzo giusto. Se proprio sbagliate chiedete scusa e modificate in modo corretto la vostra e-mail.

La funzione di risposta automatica di molti mailers è comunemente per una comunicazione in-house, ma abbastanza noiosa quando inviata a tutta la mailing list. Esaminate la funzione "rispondi a" gli indirizzi quando rispondete ai messaggi da una lista. Più risposte automatiche andrebbero a tutti i membri della lista

Alcuni mailers danno la possibilità agli amministratori di scegliere se utilizzare una funzione di risposta automatica oppure di altro tipo, non sempre nelle mailing list si ritrova questo tipo di funzione, è necessario quindi ricontrollare gli indirizzi che il software inserisce quando si clicca sul pulsante "rispondi"; sarebbe meglio utilizzare il tasto "rispondi a tutti" avendo però l'accortezza di eliminare gli indirizzi in eccesso e di non inserirli nemmeno nella sezione "copia per conoscenza" et simila, questo perchè la persona riceverebbe il messaggio due volte e non una e se non si ha un software che raccoglie le e-mail con lo stesso oggetto può essere fastidioso per chi riceve più copie dello stesso messaggio.

*Non inviate file grossi alla mailing lists quando
è possibile inviarli tramite Uniform Resource
Locators (URLs) o versioni di ftp. Se volete
inviarli come file multipli, dovete essere sicuri di
seguire la cultura del gruppo. Se non conoscete
cosa comportino i loro usi e costumi, chiedete*

Non inviate file molto estesi alla mailing list se
è possibile indicare un URLs oppure un ftp per
la gestione del file, oppure potete inviarlo
spezzettandolo in file multipli, ma questo solo
ed esclusivamente se le regole, la cultura e le
politiche della comunità ve lo consentono, se non
siete sicuri: chiedete.
Inviare file all'interno della e-mail può risultare
pesante ed è sempre meglio ricordare che non
tutti hanno una linea internet veloce, o che non
leggono da computer fissi la propria posta e che
potrebbero trovare difficile scaricare allegati
molto pesanti.

Considerate la de-iscrizione o le impostazioni una opzione di "nomail" (quando è possibile) quando potete controllate la vostra posta per un periodo esteso

Considerate le e-mail di iscrizione e de-iscrizione come delle opzioni di nomail, di solito negli indirizzi è già predisposto un noreply@miosito.it per facilitare la lettura della stessa all'utente ed invitarlo a non rispondere direttamente alla stessa. Se siete iscritti ad una o più mailing list, controllate periodicamente la vostra e-mail per evitarne i collassi del sistema soprattutto se tali mailing list hanno un traffico molto elevato

*Quando inviate un messaggio a più di una
mailing list, specialmente se le liste sono
strettamente nascoste, scusatevi per il cross
posting*

Se inviate un messaggio a più mailing list,
scusatevi per il cross posting con le persone che
hanno coincidenze nelle stesse liste, soprattutto
se le liste non sono visibili al pubblico o non
sono visibili per tutto il pubblico

Se fate una domanda, siate sicuri di postare un riassunto. Quando fate ciò, è meglio riassumere piuttosto che inviare un cumulo di messaggi uno dietro l'altro

Quando fate una domanda assicuratevi di aver fatto un riassunto della situazione, è meglio riassumere che invece inviare molti messaggi uno dietro l'altro

Alcune mailing lists sono private. Non inviate posta a queste liste se non siete invitati. Non riportate la posta da queste liste ad un pubblico più vasto

Alcune mailing list sono private. Non inviate posta a queste se non siete invitati o non siete stati invitati a farlo, alcune persone potrebbero inviarvi messaggi da mailing list private mettendovi in CC, in questo caso dovete rispondere non in via privata ma sulla mailing list, di solito per i non iscritti alla mailing list vi è un moderatore che autorizza o meno i messaggi che passano; naturalmente queste sono particolarità che si concludono con l'esaurirsi di quel dato discorso, quindi successivamente non invierete più e-mail a tale mailing list. **Non riportate e-mail o discorsi da queste mailing list private ad una pubblica, rientrerebbe nella violazione della privacy.**

Se siete catturati da un argomento, mantenete viva la discussione focalizzata spesso sui problemi che su conversazioni personali

Se siete catturati da un argomento mantenete viva la discussione cercando di non uscire fuori tema e di non incentrarvi su problematiche personali e non attinenti al topic aperto. Può sempre capitare di sforare l'argomento, cercate comunque di non eccedere e riportate il topic all'interno dell'oggetto di discussione.

I newsgroups

I newsgroups sono delle applicazioni che
consentono alle persone di parlare tramite
topics di interesse specifico, un esempio di
questi newsgroups possono essere benissimo i
gruppi di yahoo e google, si possono utilizzare
anche come mailing list, ma non sono
assolutamente delle mailing list, ogni comunità
viene inserita in un specifico gruppo di
rappresentanza e gli amministratori ne daranno
le indicazioni sugli argomenti che sono graditi
inserire e ciò che invece non può essere inserito.
I forum sono dei newsgroups visualizzati in
modo differente, ma con lo stesso identico modo
di gestione degli stessi e così tutte le
applicazioni similari. Diamo alcune *tag* di alcuni
gruppi di discussione più noti:
a) sci -scienza
b) comp -computer
c) news - per le discussioni le quali si incentrano
attorno alle notizie della rete o di attualità
d) rec - attività ricreazionali
e) soc -problemi sociali
f) talk discussioni *-long winded never-ending*,
sono le discussioni che in Italia vengono definite
Off Topic, ossia di tutto di più, tutto ciò che non

rientra in nessun ambito è possibile inserirlo
qui

g) biz -business

h) alt -la gerarchia alternativa. *Alt* è così
nominato perchè crea un gruppo *alternativo* che
fa parte della stessa struttura gerarchia
tradizionale, ossia una comunità appartenente
ad un gruppo, per esempio computer ma è di
livello generico.

Naturalmente queste categorie al giorno d'oggi
sono decisamente poche, infatti ci sono gruppi di
svariato genere e di svariati interessi, la
comunità si è ampliata in modo decisamente
vario ed imprevedibile.

Nel linguaggio dei NewsGroups, "posting" si riferisce al postare un nuovo articolo in un gruppo, o alla risposta ad un post che qualcun altro ha postato. "Cross posting" si riferisce a postare un messaggio su più di un gruppo. Se introducete Cross posting in un gruppo, o se indicate "Followup-to" nell'oggetto del vostro post, avvisate i lettori! I lettori assumeranno usualmente che quel messaggio era postato a uno specifico gruppo e che i susseguenti andranno ad altri gruppi. Le intestazioni possono cambiare il comportamento

Il gergo dei newsgroup *posting*, dall'inglese to post, tradotto in italiano con *postare*, indica l'inserimento di un messaggio nel newsgroup, o la risposta che qualcuno dà a quel messaggio. *Cross posting*, è l'inserimento di più messaggi identici in gruppi diversi di diversa natura, come detto in altre sezioni, il cross posting può essere consentito se sapete esattamente che il messaggio postato può interessare più di un gruppo contemporaneamente. Avvisate gli utenti se è un cross posting o se il messaggio è diretto principalmente ad un gruppo e gli altri solo per conoscenza e scusatevi in anticipo

Leggete tutta una discussione in progresso (chiamiamo questo un thread) prima di postare le risposte. Evitate di postare messaggi tipo "anch'io", dove il contenuto è limitato ad un assenso con i post precedenti. I contenuti di un post seguente potrebbe eccedere in contenuti quotati

Prima di postare una qualunque risposta leggete un thread (l'intera discussione su uno specifico argomento ed oggetto di un post) completamente, altrimenti rischiate di rispondere inutilmente ad un certo argomento che potrebbe già essere stato risolto o chiuso, evitate di dire solo "anch'io", ma date le vostre impressioni e le vostre esperienze al riguardo in modo completo e utile al proseguimento della discussione senza uscire fuori argomento, nel qual caso nei post precedenti abbiate già parlato sul vostro pensiero ed abbiate ampiamente assentito alla discussione o ad alcune persone. Evitate di eccedere nel quoting nei vostri posting e di quotare solo le parti necessarie alla discussione, piuttosto riassumete se proprio necessario o avvisate le persone che il topic è diventato lungo o estremamente lungo

Inviate posta quando una risposta a una domanda è per una persona sola. Ricordate che le notizie hanno una distribuzione globale e l'intero mondo probabilmente non è interessato ad una risposta personale. Comunque, non esitate a postare quando qualcosa è di interesse generale ai partecipanti del gruppo

Se dovete inviare un messaggio ad una persona sola che ha fatto una domanda inviatelo per e-mail e non all'intero gruppo. Probabilmente il resto del mondo (per indicizzazione) non è interessato ad una risposta personale, ma se la risposta è di interesse generale e chiunque potrebbe avvantaggiarsene inviate pure al gruppo. Per ciò che è personale e ciò che non è personale, di cui abbiamo parlato in altri articoli uguali, vale il discorso del "che fai a cena?" "mangio patate" a meno che il topic non parli della vostra cena non interesserà all'intera lista o al mondo intero

Controllate la sezione della "distribuzione", ma non dipendono da essa. A causa del complesso metodo con il quale le notizie sono spedite, le varie distribuzioni sono inaffidabili. Ma, se state postando qualcosa che sarà di interesse a un numero limitato di lettori, usate una linea che attesti questo limite sulla distribuzione del vostro articolo a queste persone. Per esempio, impostate la distribuzione per essere "nj" se postate un articolo che sarà interessante solo per i lettori del New Jersey

La distribuzione ed il corretto invio dei post non sono sempre direttamente dipendenti e la spedizione può avere qualche problema, soprattutto se siete in un newsgroup multirazziale e multiculturale, se il messaggio che inviate interessa o potrebbe interessare ovvero è indirizzato ad alcuni membri e non a tutti, naturalmente il messaggio è inerente alla lista, si inserisce nell'oggetto un tag per indicare a chi è indirizzato il messaggio, naturalmente se altri sono interessati possono leggere. Per esempio, *[parma] Convegno sui servizi indispensabili erogati dal comune*, per indicare che il covegno che si terrà sarà a Parma ed indicherà anche di cosa tratterà il contenuto del messaggio in modo preciso, è presumibile che in questo caso siano interessati solo le persone che abitino a Parma e non chi non sia nemmeno residente

Se sentite che un articolo sarà di interesse a più persone che un solo NewsGroup, siate sicuri di effettuare un CROSSPOST dell'articolo che sarà postato spesso individualmente a questi gruppi. In generale, probabilmente solo 5 o sei gruppi avranno interessi abbastanza simili per poterlo postare

Se sapete che un messaggio potrebbe essere di interesse per più gruppi è consentito fare dei crossposting del messaggio, di solito non saranno più di cinque o sei gruppi che avranno interessi simili. Avvisate e scusatevi comunque per il crossposting

*Considerate l'uso di fonti per le referenze
(Manuali di computer, quotidiani, file di aiuto)
prima di postare una domanda. Domandando a
un NewsGroup dove le risposte potrebbero essere
prontamente disponibili e altri che generano
innervosimento "RTFM" (acronimo di read the
fine manual, leggiti un buon manuale, anche se
è generalmente implicita una parola volgare che
inizia per "f") nei messaggi*

Cercate di dare sempre delle referenze e delle
fonti a quanto dite, se possibile dare dei link
attendibili per riferimento è anche meglio,
poichè tutti potranno accedere liberamente
all'informazione ottenuta in un pieno regime di
cultura libera ed accessibile a chiunque;
naturalmente, ricordatevi di rispettare le varie
licenze che sono attribuite ad un lavoro, anche
se posizionato su un sito internet è soggetto alle
leggi sul diritto d'autore, non postate materiale
coperto da licenze chiuse, nè fate riferimento a
siti illegali, siate corretti e date riferimenti il
più corretti possibile e reperibili se possibile; se
il materiale non si trova in internet avvertite
che non vi è traccia in internet e date tutti gli
estremi per essere reperito nella realtà, se si
tratta di un libro darete il titolo del libro, gli
autori e se possibile anche la casa editrice e via

di seguito per tutti gli altri tipi di riferimenti a seconda se si tratta di video, musica, riviste, enciclopedie o altro.

Se il materiale di riferimento non è reperibile in internet ricordatevi di fare un riassunto di quanto scritto, la legge italiana sul diritto d'autore permette di poter **riportare piccole parti** di uno scritto o di un discorso in modo da commentarlo pubblicamente (quindi anche le liste di distribuzione e i forum, i newgroups o similari). **Attenzione a non riportare parti di discorso o di testo in modo che sia frainteso volutamente dagli utenti, questo è vietato ed aggiungo è da troll.**

Prima di domandare a qualche newsgroup, mailing list, forum specialistico fate delle ricerche per conto vostro, sia sui libri di testo in vostro possesso e se potete anche in internet; alcune domande poste in alcuni gruppi potrebbero essere bene accette, mentre in altri potrebbero addirittura arrivare agli insulti o ad un leggiti un buon manuale.

Si noti come, nella netiquette ufficiale e nella traduzione, non vi sia menzione di una possibilità positiva del secondo comportamento (gli insulti), ma semplicemente dice che è possibile ritrovarsi in questa situazione. Quindi non

è accettata nè accettabile come situazione
che ad una domanda, per quanto a
qualcuno risulti semplice e da newbie,
qualcuno risponda in modo bieco e da
troll. Ci si ricordi comunque che è
possibile trovare troll di tale portata che
non hanno rispetto per gli altri.

Anche se ci sono NewsGroups i quali sono i benvenuti i messaggi pubblicitari, in generale è considerato alla stessa stregua dei criminali pubblicizzare prodotti off topic. Inviando una pubblicità a ognuno e ogni gruppo dovrà garantire una perdita di connettività

E' possibile inviare i messaggi pubblicitari nei newsgroup solo se in tema e solo ed esclusivamente se concesso dai gestori, assicurarsi prima che tale pratica sia concessa e che tipo di messaggio è bene accetto, se non riuscite a riscontrare nella loro politica di gruppo nulla al riguardo contattate privatamente i gestori e chiedete loro. Si è considerati dei **criminali** se si inviano dei messaggi pubblicitari indesiderati, quando non è possibile farlo per la politica di gruppo, quando sono Off Topic o fuori tema, questo è considerato spam e si deve evitare di utilizzare questa pratica

Se scoprite un errore in un post, cancellatelo appena possibile

Per quanto non ci dovrebbe essere nulla da spiegare, vorrei fare alcune precisazioni. Per quanto attualmente l'informatica abbia fatto passi da gigante, non tutti i newsgroups visualizzano le modifiche effettuate sul topic o post aperto, sia che le abbiano effettuate i moderatori, se presenti, sia che siano effettuate dall'autore del topic, è quindi necessario inserire in fondo che avete modificato il topic e per quale motivo, in questo modo eviterete di dare adito a sospetti verso gli altri utenti ed è sicuramente più educato che non inserire nulla; ciò soprattutto se vi sono già state risposte al vostro topic.

NON tentate di cancellare ogni articolo ma solo il vostro. Contattate l'amministratore se non sapete come cancellare il vostro post, o se qualcun altro posta, come ad esempio una catena di S. Antonio, bisogna cancellarla

E' ben inteso che voi cancelliate i vostri di post e non quelli di altri. Se non vi è possibile cancellare il post, rimandate un post più accurato e senza errori scusandovi dell'accaduto, può capitare, ma cercate di non farlo spesso. Se non sapete come cancellare il vostro post contattate l'amministratore e chiedete informazioni, se trovate una catena di S. Antonio che deve essere cancellata immediatamente contattate l'amministratore; in sostanza l'amministratore è il vostro punto d'appoggio nel qual caso non vi siano alcune tipologie di applicazioni per l'eliminazione dei post o per la loro correzione, l'amministratore è tenuto a modificare o a sistemare il tutto.

Se avete postato qualcosa e non lo vedete immediatamente, non presumete che sia fallito il tentativo e ripostatelo

Se avete postato qualcosa e non riuscite a vederlo immediatamente, ripostate di nuovo, se anche il nuovo tentativo fallisce, contattate l'amministratore per chiedere informazioni al riguardo, assicuratevi prima però che non siate voi ad avere problemi con l'invio di post nel newsgroup.

Qualche gruppo permette (e qualcuno è il benvenuto) posts i quali in altre circostanze porrebbero essere considerati di dubbio gusto. Inoltre, non c'è garanzia che tutte le persone leggendo il gruppo apprezzeranno il materiale come voi. Usate l'utilità Rotate (strumento di crittografia semplificato e rudimentale ndt, la quale ruoterete tutti i caratteri di 13 posizioni dalla loro originale posizione nell'alfabeto, la crittografia di Giulio Cesare ndt) se volete evitare di dare offese. L'utilità Rot13 per Unix è un altro esempio

A volte è possibile che in alcune comunità possano autorizzare alcuni Ot, off topic, non troppi. Alcuni potrebbero essere di dubbio gusto per qualche appartenente alla comunità, per evitare di offendere la sensibilità di tali persone potete utilizzare *Rotate*, software per la crittografia semplice e che chiunque comunque se volesse potrebbe comprendere con poco lavoro. Ciò non significa che potete offendere qualcuno, quindi non sono comunque ammessi messaggi che identificano insulti, diffamazione, ingiuria, calunnia eccetera eccetera crittografati, ma semplicemente che potete occultare la parte offensiva, se gli interessati vogliono sapere cosa state scrivendo, avvertiteli

gentilmente e se proprio insistono esponetegli il
vostro pensiero sempre con i dovuti modi, non
decrittate in pubblico e se vi rispondono
accettate il loro pensiero.

Nei gruppi i quali le discussioni sono sui film o libri è considerato essenziale marcare i post i quali divulgano i contenuti significativi come "Spoilers". Mettere questa parola nei vostri oggetti: linea. Potete aggiungere una linea vuota all'inizio del vostro post per mantenere i contenuti fuori campo, o potete ruotarli

Nei gruppi in cui si parla di libri o film dovete inserire all'interno del topic una riga vuota e nell'oggetto l'indicazione *Spoilers*, questo per mantenere la calibratura del messaggio in modo ottimale per tutti

La creazione di articoli di notizie è generalmente censurata. Potete proteggere voi stessi dalla creazione usando un software il quale generate una manipolazione di un rilevamento "fingerprint", come PGP (negli USA)

Evitate di inserire articoli di notizie, il newsgroups non è una testata giornalistica, ma in alcuni casi gli amministratori possono prevedere l'invio di alcuni articoli giornalistici, per la commentazione del pubblico. Al giorno d'oggi però, la creazione di propri articoli è consentita in quei newsgroup preposti solo ed esclusivamente per tale scopo, ciò implica però una diretta responsabilità dell'amministratore per ciò che viene scritto all'interno e lo stesso deve saper gestire tutte le persone coinvolte proprio come se fosse una testata giornalistica reale, anche se non è classificabile come un giornalista. Questo avviene in molte parti del mondo, in Italia vi sono questioni controverse sulla pubblicazione di tali dati.

Postare in via anonima sui server è accettata da qualche Newsgroups e azione non piaciuta in altri. Il materiale che è inappropriato quando è postato sotto il proprio nome è ancora più inappropriato postato in anonimo

Alcuni newsgroup possono accettare la scrittura anonima dei post, altri invece no. Ciò che risulta essere inadeguato scritto sotto il vostro nome, è ancora più inadeguato se scritto in via anonima, quindi ricordatevi delle regole del buon costume e dell'educazione, nonchè le leggi del luogo dove postate.

Aspettarsi un leggero ritardo nella vista del vostro post quando il gruppo è moderato. Il moderatore può cambiare l'oggetto del vostro topic per avere il vostro post conforme a un particolare thread

Se il newsgroup è moderato aspettatevi dei ritardi nella pubblicazione del vostro post, l'amministratore potrebbe cambiare il titolo o l'oggetto, **non altro,** del vostro post per renderlo più adeguato al thread. Se l'amministratore rigetta il vostro messaggio è tenuto anche a dirvi il perchè, potete chiedere ulteriori spiegazioni al riguardo e l'amministratore è obbligato a rispondere.

Non cominciate guerre di flames. Nemmeno postate una risposta con materiale incendiario

Non cominciate una guerra di flames e nemmeno postate materiale che potrebbe causare rivolte in tal senso. Valgono le regole precedenti sui flames, ma anche quelle di tutti gli altri punti, non siate provocatori apposta per fare arrabbiare le persone, questo lo fanno i troll e nessun altro.

Gli amministratori

Ogni amministratore di un sito ha i suoi diritti in quanto tale, ma ha anche dei doveri ben precisi, sia nei confronti dei propri utenti sia nei confronti della legge e dello stato in cui vive e se il suo sito è posto su un server in uno stato estero anche verso le leggi di quello stato.
E' bene che ogni amministratore sappia esattamente quali siano gli uni e quali siano gli altri e sappia bene come porsi in ogni situazione che avrà di fronte, ma soprattutto sappia che avere un sito non è un gioco e che su di lui contano molte persone.
L'amministratore è bene sappia che l'apertura di un sito nonostante sia semplicissima al giorno d'oggi, non è di facile gestione e le implicazioni con la gestione possono essere molte e delle più svariate. Ogni amministratore deve gestire nel modo più preciso possibile il proprio sito, più persone avrà nel suo sito, maggiore dovrà essere la sua attenzione. Nel qual caso si avvalga di collaboratori dovrà assicurarsi che anche loro osservino le regole in modo stretto, ciò perchè la responsabilità oggettiva legale è sua e non di altri.
La responsabilità dell'amministratore è uguale sia che si tratti di un sito di lavoro o di una

società terza per cui si sta costruendo il sito, sia che si tratti di un sito di gioco, in ogni caso vi sono responsabilità da ottemperare e dei diritti di riflesso che ne derivano.

Chiarite ogni politica sul vostro sito che ha sulla sottoscrizione ai NewsGroups e sulla sottoscrizione alle mailing lists

Chiarite ogni politica ed ogni regola sull'iscrizione, de-iscrizione, gestione dei vari newsgroups e delle mailing list che gestite. E' importante che tutti siano a conoscenza delle regole vigenti nel gruppo, in questo modo non avranno dubbi su ciò che è permesso e ciò che non è permesso fare.

Chiarite ogni politica sul vostro sito che ha sul posting nei NewsGroups o nelle mailing list, includendo l'uso dei disclaimer nelle firme

Chiarite punto a punto le politiche di posting e le regole di comportamento della mailing list o del newsgroup, questo renderà più semplice la lettura, inserendolo nel sito ufficiale, inserite anche le politiche che vi sono per l'utilizzo delle firme (lunghezza o utilizzo di immagini), più avrete puntualizzato sugli aspetti della comunità meno equivoci si avranno con gli utenti.

Chiarite e pubblicizzate l'archivio delle varie politiche. (Per quanto tempo sono tenuti gli articoli?)

E' meglio inserire nel sito ufficiale le politiche di posting e di comportamento, in questo modo chiunque può trovarle prima di iscriversi alla mailing list o al newsgroup per visionarli. Di solito nei forum, vi è una sezione apposita visibile al pubblico dove inserirlo, quindi solo in questo caso non è necessario inserire le politiche anche nel sito, basta solo all'interno del forum. Pubblicizzate le politiche in modo che chiunque sappia trovarle e leggerle facilmente

Investigare su accuse ai propri utenti
prontamente e con una mente aperta

Investigate su accuse ai vostri utenti con una
mentalità aperta. Come detto in precedenza,
potrebbero essere accuse infondate oppure
potrebbero essere accuse vere, come si sa gli ip
possono essere spooffati, come è possibile
entrare in un forum utilizzando il nick name di
qualcun altro in modo da diffamarlo. Utilizzate
tutte **le tecniche legali** per gestire la
situazione, se non siete in grado chiedete aiuto
alle autorità competenti, loro potranno
sicuramente darvi una mano. Se non riuscite ad
individuare il colpevole con certezza, non
lanciate accuse a casaccio, dovete avere delle
prove in mano prima di parlare, accusare o
bannare qualcuno. Ascoltate attentamente chi
vi dice di aver trovato lamer all'interno della
vostra community, indagate in modo legale e
tranquillo prima di decidere, avvisate chi vi ha
fatto denuncia se effettivamente è stato lui/lei a
fare lamering o se invece è tutto imputabile ad
uno spoofing. In quest'ultimo caso dovete
assolutamente avvisare il proprietario
dell'avvenuto spoofing è lui che deve fare
denuncia alle autorità e sistemarsi il computer
in modo tale da non essere un pericolo per la

comunità o per tutti gli utenti di internet. Se
non siete in grado o non avete voglia di
controllare le vostre comunità in modo corretto
non fatele o chiudetele, eviterete molti guai a
molte persone

Siate sicuri di monitorare correttamente il vostro sistema

Assicuratevi di monitorare correttamente il vostro sistema, di avere quindi attivo un firewall ed un antivirus/malware, controllate i log di sistema giornalmente. Ogni utente è tenuto a mantenere la sicurezza nella propria macchina, in ogni modo possibile e legale, affinchè possa rendere sicuri tutti coloro che hanno un contatto con lui/lei, quindi vale per l'amministratore e per chiunque che si appresti ad utilizzare il mezzo di internet

Considerate quanto tempo i log di sistema devono essere archiviati, e pubblicizzate la vostra politica su di loro

Cercate di considerare per quanto tempo i log dovranno essere tenuti, così che se ci fossero dei problemi si potrà risalire facilmente al danno in tempo utile, accertatevi del tempo necessario per il mantenimento dei log leggendo accuratamente la legislazione del paese in cui avete il server e anche quella vostra di provenienza, attualmente per l'Italia è 18 mesi il tempo necessario di mantenimento, anche se per chi non detiene dati sensibili alla privacy non è un obbligo tale periodo. Si ricorda che per la legge 196/03, ad oggi, le e-mail vengono considerate dati sensibili personali, solo i siti che detengono le e-mail sono tenuti al mantenimento dei log, mentre non è necessario per le singole persone che detengono contatti altrui. In sostanza, se si ha un blog, un forum, una mailing list, un newsgroup con iscrizione è tenuto a mantenere i log di sistema per un tale periodo, mentre se io ho il contatto personale ottenuto direttamente da una persona con cui ho relazioni interpersonali, non ho l'obbligo di mantenere dei log di sistema, anche se in taluni casi è meglio mantenerli per tale periodo, così

che se sorgano dubbi si faccia in fretta a
controllare la macchina e a sistemarla

Mantenere le mailing list aggiornate per evitare un problema di posta "in sospeso"

Mantenete aggiornate le vostre mailing list e archiviate in modo preciso le e-mail arrivate, se l'archivio del server non è in ordine si potranno evidenziare problemi di corrispondenza, non visualizzando correttamente l'andamento delle e-mail, quindi avendo dei ritardi nella visualizzazione delle e-mail

Date l'elenco dei proprietari per quando sorgono problemi

Mettete in evidenza l'indirizzo e-mail dei proprietari della lista e dei moderatori. Se sorgono problemi di qualunque tipo essi devono essere reperibili in qualche modo per poter riparare al problema, indipendentemente dal fatto che il problema sia di natura tecnica o di natura umana. I moderatori sono infatti tenuti a non solo moderare la lista ma ad essere reperibili in modalità privata per parlare di eventuali problematiche che possono sorgere nella lista e, soprattutto sono tenuti a contattare privatamente chi viene messo in moderazione per qualche motivo spiegando le sue motivazioni in modo chiaro e dove si è sbagliato. In questo modo può evitare che l'errore si ripeta di nuovo.

E' naturale che tutti gli indirizzi e-mail messi in evidenza debbano essere contattabili e che gli amministratori ed i moderatori debbano rispondere ad ogni e-mail. Non è accettabile che un amministratore di una mailing list se contattato non risponda. Se non ha tempo per gestire la posta, chiuda la mailing list.

Informate i proprietari per ogni mantenimento o disconnessione programmata

Informate i proprietari per ogni mantenimento del server e della lista che sia già stato programmato, se informate anche gli utenti è meglio perchè così sapranno che non potranno inviare messaggi e che non verranno visualizzati, o che non potranno rispondere a nessun messaggio arrivato in lista, avvisate anche del tempo previsto per il ripristino della situazione.

Assicuratevi di avere aliases per la sottoscrizione e l'amministrazione

Utilizzate degli aliases per la sottoscrizione e per l'amministrazione in questo modo sarà più semplice gestirvi in tutta sicurezza, evitando così molto spam che verrà di conseguenza alla vostra attività via internet.

Assicuratevi che tutti i gateways di posta
abbiano un corretto funzionamento

Assicuratevi che tutti i gateway funzionino correttamente, in questo modo eviterete intasamenti dell'invio delle varie e-mail e rallentamenti nel ricevimento e nella lettura della mailing list

I Netnews

I Netnews sono una struttura informatica vecchia di 30 (inventata per l'esattezza nel 1979 e resa pubblica nel 1980) nella quale è predisposto un server che inoltra tramite e-mail articoli di informazione di livello giornalistico, sia professionisti sia non professionisti, dove gli iscritti a questi netnews o più comunemente chiamati anche newsgroup, possono commentare le notizie; simile alla mailing list, precursore dei forum e dei website, struttura ancora molto utilizzata e mai sparita. Le notizie postate possono essere quotidiani online, quotidiani cartacei predisposti per avere una seconda versione online oppure siti di informazione creata da giornalisti non professionisti il che non significa che non possano essere professionali.

Le informazioni riportate devono sottostare a tutta la netiquette e a delle regole particolareggiate per alcuni piccoli punti che riguardano solo gli articoli di livello giornalistico e non qualsiasi tipo di informazione inviata in rete.

Anche i moderatori sono soggetti a piccole regole da aggiungere a quelle precedenti, è necessario stare molto attenti quando si tratta di siti che propongono articoli informativi.

Pubblicizzate la natura dei feed che ricevete. Se non avete un feed completo, le persone potrebbero volerlo conoscere

Pubblicizzate i vostri feed, se ne avete, altri potrebbero voler conoscerne la loro natura ed è corretto dare tali indicazioni, pubblicizzate anche le regole che seguono i vostri feed e le eventuali licenze sul diritto d'autore che ne sono abbinate, più siete chiari e meno problemi dovreste avere. Non aggiungete ai vostri feed nessuno senza che ne sia adeguatamente informato e dategli tutte le indicazioni possibili per poter capire la natura del feed dove avete intenzione di inserirlo e la pubblicità che ne deriverà e tutto ciò che lo riguarda, se non è d'accordo dopo le vostre spiegazioni non inseritelo e toglietelo immediatamente se vorrà eliminare il feed che avete messo su di lui/lei nel vostro sito. Ricordate che la legge 196/03 sulla privacy in Italia obbliga gli amministratori e i proprietari di siti con utenti a eliminare ogni traccia di account, feed e qualunque altra indicazione privata di chiunque se gli utenti o altro del sito rivendichino questo diritto

Siate consapevoli che una grossa molteplicità di lettori delle news può causare problemi nel server News per errori nei clients

Controllate i server giornalmente, molti utenti portano anche molti problemi nei server per errori dei clients, cercate di mantenere la banda pulita in modo da rimanere con la news o a volte anche l'intero sito bloccato

Onorate le richieste da parte degli utenti immediatamente se richiedono la cancellazione dei loro post o di post impropri, come le catene di S. Antonio

Cancellate immediatamente post, news, account o altro se richiesto dai proprietari, attenetevi ai diritti d'autore, eliminate prontamente tutti i messaggi illegali come le catene di S. Antonio

Quando avete alias "Usenet", "Netnews" e
"News" assicuratevi che qualcuno legga la posta
regolarmente

Se utilizzate degli alias per le varie priorità
delle Netnews assicuratevi di leggere la posta
regolarmente

Per i moderatori dei Netnews:

Assicuratevi che le vostre Fraquently Asked Questions (FAQ) siano aggiornate ad un regolare intervallo. Includete le vostre linee guida per articoli e messaggi. Se non siete il responsabile delle FAQ, assicuratevi che sia fatto

Assicuratevi che le FAQ (Frequently Asked Question) siano sempre aggiornate ad intervalli regolari. Se non siete il responsabile delle FAQ assicuratevi che sia comunque sempre fatto sollecitando questo lavoro. Includete delle linee guida separate per i vostri articoli postati

Assicuratevi di avere un buon messaggio di benvenuto, il quale contiene le informazioni per la sottoscrizione e la de-iscrizione

Assicuratevi di avere un buon messaggio di benvenuto che identifichi come iscriversi o de-iscriversi dalla NetNews. Se siete chiari nel messaggio di benvenuto vi eviterete molti problemi nel dover continuamente spiegare come fare per de-iscriversi o iscriversi alla NetNews

I NewsGroups potrebbero avere linee guida personali postate regolarmente per essere aggiornate

I newsgroup potrebbero avere delle linee guide personali che però devono essere sempre aggiornate

Mantenete la mailing list e i NewsGroups aggiornate. Postate messaggi in modo tempestivo. Designate un sostituto quando andate in vacanza o siete fuori città

Mantenete le mailing list ed i Newsgroup puliti e aggiornati. Postate regolarmente e designate un sostituto per quando andate in vacanza o non ci siete

CAPITOLO IV

I servizi di informazione:

I servizi di informazione sono tutti quei servizi che creano e danno informazioni o articoli di livello giornalistico di qualunque tipo e con qualunque mezzo, nonostante la netiquette ufficiale inserisca solo alcuni dei mezzi che permettono tale tipologia di informazioni, ad oggi è necessario includere qualunque mezzo che crei informazione in internet. Per cui partendo da Gopher già esistente 20 anni fa, MUD (Multi User Dimension, servizio telnet oggi sistema più utilizzato per i giochi di ruolo), MUD orientati agli oggetti ossia i MOOs, che possono gestire molte più informazioni contemporaneamente, Wais, WWW (World Wilde Web) oggi esploso anche in WWW2 che comprende varie tipologie di informazioni tra cui i CSM e come detto molto altro ancora che si sta affacciando come nuova generazione informatica.

Insomma ogni tipologia di sito oggi potrebbe essere un sito che produce autonomamente le informazioni o le notizie e che le pubblica sul web, la netiquette ha severe regole per questo tipo di siti maggiori rispetto ai siti tradizionali. E' assolutamente necessario oltre a rispettare queste righe della netiquette rispettare anche il codice deontologico del giornalista, tutte le leggi sia dello stato in cui si pubblica sia dello stato in cui si vive. Seguire in modo ligio tutto ciò non è semplice, ma fattibile.

Ricordate che tutti questi servizi appartengono a chiunque altro. Le persone che pagano le fatture per ricevere le regole d'uso. Le informazioni possono essere libere - o no! Controllate

Ricordate che le informazioni in internet sono di chiunque ed accessibili da chiunque, per una cultura libera ed indipendente che non si può fermare poichè significherebbe fermare internet. Alcune tipologie di informazioni possono essere a pagamento, come gli abbonamenti ai quotidiani locali o esteri, alcuni possono favorire questo tipo di commercio elettronico, altri invece possono rendere di libero accesso le proprie informazioni. Alcuni servizi di informazione possono, inoltre, avere una licenza libera altri invece non sono riproducibili in altri ambiti ed utilizzano una licenza full copyright. Controllate attentamente le licenze d'uso che devono essere esplicitamente scritte, prima di proporre in altri ambiti gli articoli di informazioni scritte. Se non vi sono indicazioni, chiedete al proprietario del sito prima di intraprendere qualsiasi azione.

Se avete problemi con ogni forma di servizio d'informazione, avviate la risoluzione dei problemi localmente: Controllate file e configurazioni, configurazioni software, connessioni di rete, eccetera eccetera. Fate questo prima di dire che il problema è del provider o del provider in affitto

Se avete dei problemi con i servizi di informazione, controllate prima localmente se il problema è sulla rete interna, file e configurazioni di rete, rete e connessioni internet, firewall vari, configurazioni software eccetera eccetera, prima di dire che il problema è del provider o del provider in affitto. E' una buona usanza fare queste operazioni prima di qualunque altra anche in caso non si tratti di problemi con i servizi di informazioni, ma si tratti di qualunque errore riscontrato sia su rete, intranet o internet, sia su software

Sebbene ci sono convenzioni di denominazione per i vari tipi di file usati, non dipende da queste le convenzioni di denominazione di file da seguire. Per esempio, un file ".doc" non è sempre un file di Word

Esistono varie denominazioni per ogni tipo di file, è necessario ricordarsi però che nonostante queste denominazioni non tutti sono stati scritti con lo stesso software, per esempio un file .doc non è sempre scritto con Microsoft Word, potrebbe essere scritto tranquillamente con Works o Lotus1,2,3, o con OpenOffice, lo stesso per tutti gli altri formati di denominazione di file. Esistono più prodotti per uno stesso utilizzo, non sempre sono i più comuni, vi è altresì necessità di informarsi se la persona che riceve il documento possa leggerlo, utilizzate l'estensione che il vostro corrispondente riesce a visualizzare senza problemi, ricordatevi che tutti devono avere accesso alle informazioni che pubblicate, altrimenti non si capisce perchè le mettiate in rete.

I servizi di informazioni usano anche convenzioni, come www.xyz.com. Mentre è utile conoscere queste convenzioni, ancora, non necessariamente si può fare affidamento su di essi

Alcuni servizi di informazioni sono direttamente on web su siti, www.ddd.com, oppure con estensione .info. Quando è stata scritta la netiquette questo tipo di servizio era ancora nuovo e per tanto non dava sufficienti garanzie di sicurezza per un servizio informativo completo ed efficiente come invece oggi è risultato essere (con i soliti problemi di sicurezza non dipendenti però dal prodotto informativo); ciò che è però necessario, come per tutta internet e per tutti i servizi informativi, nazionali o internazionali, istituzionalizzati o privati, è la sapienza nell'utilizzo del proprio cervello, sappiate riconoscere le informazioni corrette da quelle non veritiere

Sappiate come i nomi dei file lavorano sul vostro sistema

Abbiate la conoscenza del vostro sistema, di quello che potete fare e di come i vari file interagiscono con il sistema stesso, se sapete come gestire la vostra macchina avrete maggiore facilità nell'utilizzo di qualunque file o software e potrete gestire al meglio la rete e tutto ciò che ne deriva, ricercando anche una componente sicura dei vari prodotti che utilizzate

Siate consapevoli delle convenzioni usate per fornire informazioni durante le sessioni. I siti FTP hanno di solito file nominati README in una directory di alto livello il quale ha informazioni sui file disponibili. Ma, non assume che questi files sono necessariamente aggiornati e/o precisi

Siate consapevoli delle varie denominazioni dei file per poter dare informazioni precise durante le sessioni di lavoro. Se sapete riconoscere le varie estensioni saprete anche riconoscere il software con cui è meglio scaricarlo o vederlo (in caso di video) o leggerlo (per es. i PDF). Ricordatevi che i vari file potrebbero non essere aggiornati, controllate prima

NON presumete che OGNI informazione che trovate sia aggiornata e/o precisa. Ricordate che le nuove tecnologie permettono ad ogni utente di essere un editore, ma non tutte le persone hanno scoperto la responsabilità che accompagna la pubblicazione

Non presumete che ogni informazione che trovate in internet sia precisa o aggiornata, controllate sempre la data di pubblicazione, in internet con i nuovi mezzi ognuno può essere un editore, ma non tutti sono consapevoli di ciò che significa realmente scrivere articoli informativi, questo indipendentemente da una registrazione ufficiale o da un'iscrizione ad un albo. La libertà di scrittura, pensiero, di informazione e pubblicazione è data dalla Convenzione di Berna e dalla convenzione dei diritti dell'uomo, bisogna però essere consapevoli di ciò che si scrive e di come si scrive, bisogna essere certi delle notizie date e non prendere dati dalla tal rivista di settore e riproporli o darne un estratto, fare informazione significa dare fatti certi e non riciclati, sapersi prendere le responsabilità di ciò che si scrive e saper dare un'informazione il più precisa possibile, sappiate dare informazioni veritiere e non politicizzate e faziose per ottenere più ascolti sul

vostro sito. Un'informazione di qualità rende
libera la cultura e gli uomini che la seguono

Ricordate che a meno che siate sicuri che la sicurezza e la tecnologia di autenticazione è in uso, che ogni informazione che immettete nel sistema è stata trasmessa su interno "in chiaro", senza nessuna protezione da "sniffer" o falsari

Ricordate che a meno che non siate sicuri al 1000% che le conversazioni, il materiale che inviate o che leggete sia protetto da occhi indiscreti, la sicurezza non vi è mai in nessun caso nemmeno nei casi di crittazione; infatti, tutto ciò che leggete anche nel peggiore dei casi è leggibile in rete da chiunque, per cui evitate di scrivere ciò che non volete rendere pubblico.

Da quando Internet si è espanso per il globo,
ricordate che i servizi di informazione devono
riflettere la cultura e lo stile di vita nettamente
diverse dalla vostra comunità. I materiali che
trovate offensivi possono essere originati in
luoghi dove sono considerati accettabili.
Mantenere una mente aperta

Ricordatevi che internet è una comunità
composta da molte persone di cultura diversa
dalla vostra, ma che potrebbero anche conoscere
bene la vostra lingua nonostante provengano da
stati differenti il vostro, la cultura non è più un
tabù, ciò che voi ritenete non offensivo potrebbe
offendere qualcun altro, fate attenzione a ciò che
scrivete e nello stesso tempo, ciò che leggete
potrebbe essere legale e non offensivo in altri
luoghi del pianeta che non il vostro, abbiate una
mentalità aperta a ciò che leggete e obbligatevi
a limitarvi mentre scrivete, il rispetto in
internet prima di tutto

Quando aspettate informazioni da un popolare
server, assicuratevi di usare un server mirror
che è vicino se un elenco è previsto

Quando aspettate delle informazioni da un
server di newsgroups molto popolare
assicuratevi di utilizzare un mirror vicino al
vostro stato se è possibile fare le scelte tramite
un elenco apposito, in questo modo il
decentramento renderà più fluido il ricevimento
delle notizie e meno problematico evitando gli
ingorghi di rete nel momento della ricezione

Non usate il sito FTP di qualcun altro per depositare materiali che tu o altre persone vorreste caricare sul sito. Questo è chiamato "dumping" e non è generalmente un comportamento accettato

Non utilizzate siti di altri o moduli FTP per caricare file che vorreste avere in rete, questo utilizzo è detto dumping e non è un comportamento generalmente accettato; se volete potete contattare l'amministratore del sito e chiedergli di inserire il vostro file, fare e dire le cose apertamente è meglio che farle di nascosto.

Quando avete problemi con un sito e chiedete per un aiuto, assicuratevi di fornire più informazioni possibili per aiutare la risoluzione dei problemi

Se ci sono problemi con un sito specifico, contattate chi di dovere per poter risolvere il problema (di solito il webmaster), assicuratevi prima che il problema non sia di qualche vostra impostazione di sistema o del vostro browser, se così non fosse date tutte le informazioni possibili e necessarie per risolvere il problema

Quando avete il vostro servizio d'informazione, come una homepage, assicuratevi di controllare con il vostro amministratore di sistema per cercare le leggi locali in vigore

Se siete voi ad avere un servizio di informazioni, controllate insieme al vostro amministratore le leggi locali ed internazionali per un corretto funzionamento del vostro sito in sicurezza. Infatti, è meglio conoscere precedentemente le leggi in vigore nel paese in cui vi apprestate a fare servizio informativo, questo per evitarvi noie spiacevoli con le autorità locali, ma anche per rispetto delle persone che vi danno ospitalità

Considerate la diffusione del sistema a carico dei siti popolari evitando "le ore di punta" e loggandovi in orari meno carichi del sistema

Considerate che vi sono diversi orari di collegamento e che sarà possibile avere delle ore di punta per le connessioni di tutti, per rendere più fluida la rete potete cercare di connettervi nei momenti meno pieni della rete, in questo modo sarete anche più veloci nell'esecuzione dei comandi per la lettura delle notizie e avrete più tempo da dedicare ad altro

I servizi di informazione in tempo reale (MOOs, MUD, IRC, eccetera eccetera)

Come in altri ambienti, è saggio "ascoltare" prima di conoscere la cultura del gruppo

Come in tutti gli altri ambienti informatici e tutte le comunità, prima di parlare è meglio ascoltare ciò che gli altri dicono per comprendere la cultura del gruppo, ciò che è concesso ciò che invece non lo è. Piuttosto di parlare a vanvera non parlate

Non è necessario salutare ognuno singolarmente su un canale o una stanza. Di solito uno "Ciao" solo per tutti o l'equivalente è abbastanza. Usando le funzioni di automazione dei vostri client per salutare le persone non è un comportamento accettabile

Su un canale pubblico o una stanza di chat non è necessario salutare singolarmente le persone presenti, dire un "ciao" solo per tutti quelli presenti è più che sufficiente, è accettabile salutare anche in modi diversi e non solo con "ciao", quando si entra in una chat per la prima volta è meglio salutare per comunicare la propria entrata, per educazione e per comunicare che siete disponibili a parlare insieme agli altri. Comunicate se vi assentate dal computer o se siete occupati e non potete parlare, questo per evitare che qualcuno vi chiami o vi chieda qualcosa mentre voi non potrete rispondere e non avrete nemmeno letto il messaggio. Salutate sempre prima di uscire dalla chat con le stesse modalità descritte sopra. Evitate di utilizzare pacchetti applicativi per la risposta automatica, è scortese e non accettabile

Mettete in guardia i partecipanti se intendete spedire grosse quantità di informazioni. Se tutti acconsentono di riceverlo, potete spedirlo, ma spedire informazioni indesiderate senza avvisare è considerato cattiva forma proprio come nella posta

Avvisate sempre se avete intenzione di inviare grosse quantità di materiale e chiedetene il permesso, se tutti acconsentono potete inviare il materiale, se c'è qualcuno che ha qualche problema cercate di raggiungere un accordo e di inviare il materiale in modo che non ne abbia disturbo, chiedete sempre in che formato inviare il materiale, se trattasi di file, in modo che tutti possano leggere ed aprire correttamente il materiale inviato. Inviare materiale senza prima chiedere il permesso è considerato di cattivo gusto

Non presumete che le persone che non conoscete vorranno parlare con voi. Se vi sentite costretti ad inviare messaggi privati a persone che non conoscete, allora dovreste accettare il fatto che potrebbero essere impegnati o non vogliano chiaccherare con voi

Non presumete che, in una chat, chi non conoscete abbia sempre voglia di parlare con voi, se vi sentite obbligati ad inviare un messaggio privato ad una persona che non conoscete scusatevi e non presumete che vogliano parlare per forza con voi, potrebbero essere occupati o non vogliono chiacchierare con voi

Rispettate le linee guida del gruppo. Guardate il materiale introduttivo del gruppo. Questo può essere su un relativo sito FTP

Osservate le linee guida del gruppo, guardate il materiale introduttivo del gruppo che dovrebbe essere su un altro sito, FTP o anche un sito semplice in www, questo per avere un idea preliminare di ciò che il gruppo parla

*Non infastidite gli altri utenti per ottenere
informazioni personali quali sesso, età o luogo
di provenienza. Dopo aver conosciuto un altro
utente, queste domande possono essere
appropriate, ma molte persone esitano a dare
queste informazioni a persone con cui non sono
familiari*

Non infastidite gli altri utenti con domande
personali, del tipo: età, sesso, lavoro, luogo di
provenienza, non tutti vorrebbero dare queste
informazioni in pubblico davanti a tutti; dopo
che avrete conosciuto una persona queste
domande potrebbero essere appropriate.
Ricordatevi che stiamo parlando di chat
pubbliche e non private quali il messangers,
sulle chat messaging se avete collegato qualcuno
è per poterci parlare e conoscerlo, visto che è
una chat privata, quindi queste domande sono
di solito le prime che si fanno per conoscere le
persone

Se un utente sta usando un alias, nickname o uno pseudonimo, rispettate quell'utente che desidera il suo anonimato. Anche se voi e quella persona siete amici intimi, è più cortese usare il suo nickname. Non usate il nome reale di quella persona online senza il suo permesso

Se un utente sta utilizzando uno pseudonimo o un nick name per parlare in quella comunità, rispettate il suo volere e non utilizzate il suo nome vero, ma il suo nick name od il suo pseudonimo, avrà i suoi motivi per non volersi fare riconoscere e non volere apparire con il suo nome. Questo anche se siete amici intimi l'uno dell'altro, non usate il suo nome senza il suo permesso

Le regole per gli amministratori dei siti di informazione

Siate chiari su cosa è possibile copiare e cosa non lo è

Siate chiari su cosa è possibile copiare e cosa invece no; definite nel modo più preciso possibile le regole che gli utenti dovranno seguire, ciò vi faciliterà il compito quando dovrete amministrare l'utenza e dovrete chiarire il perchè sono state prese un certo tipo di decisioni

Descrivete cosa è possibile fare sul vostro sito, e la vostra organizzazione. Assicuratevi che ogni politica generale sia chiara

Descrivete nel modo più dettagliato cosa è possibile fare sul vostro sito, se avete una politica correttamente spiegata semplificherete sia il vostro lavoro sia quello degli utenti e degli articolisti che dovranno scrivere per voi. Descrivete, altresì la vostra attività e ciò che fate, la vostra azienda se avete un'azienda così che chi legge sappia esattamente chi siete e cosa fate, se siete una singola persona a gestire il sito potreste scrivere chi siete e la vostra attività, se volete che si sappia chi vi è dietro il vostro nickname, ricordatevi di utilizzare tutte le cautele del caso per proteggere la vostra privacy il più possibile e per evitare che malintenzionati si impossessino di vostri dati personali e che li possano usare contro di voi

Mantenete le informazioni, specialmente i README, aggiornati. Fornite README in formato testo ascii

Mantenete le informazioni sempre aggiornate, non solo le informazioni che verranno date sui vari thread, ma anche i thread stessi, se le informazioni all'interno dei thread sono cambiate per una qualsiasi ragione, modificatele immediatamente con un secondo thread che indica che l'articolo precedente è stato modificato da alcuni eventi ed identificateli correttamente e specificatamente. Inoltre i vari README dovranno non solo essere aggiornati, ma dovranno anche essere scritti in formato testo ascii

Presentate una lista di mirror del vostro sito se li conoscete. Assicuratevi di includere un regolamento per il copyright applicabile al vostro mirrors. Aggiornate l'elenco della lista se possibile

Presentate una lista di mirrors che è possibile utilizzare per il vostro sito, assicuratevi di includere una licenza compatibile con il/i mirrors scelti e aggiornate le liste, sempre, appena vi è possibile

Assicuratevi che le informazioni popolari (e di massa) abbiano la banda per supportarlo

Assicuratevi che le notizie che sono destinate alla massa, le notizie popolari e dedicate a chiunque abbiano una banda molto ampia e che il sito possa supportare un largo accesso, se così non fosse cercate di rimediare e proponete un sito adeguatamente alle esigenze non solo vostre ma di tutti i potenziali utenti.

*Usate le convenzioni per i file in estensioni -.txt
per i testi in ascii; .html o .htm per HTML; .ps
per i Postscript; .pdf per i Portable Document
Format; .sgml o .sgm per SGML; .exe per non
-Unix eseguibili, eccetera eccetera*

Utilizzate le convenzioni classiche per
identificare i file e rendetele pubbliche a
chiunque entri nel sito in modo che sappia che
tipo di file è: .txt per i testi in ascii; .html o .htm
per HTML; .ps per i Postscript; .pdf per i
Portable Document Format; .sgml o .sgm per
SGML; .exe per non -Unix eseguibili, eccetera
eccetera

*Per il trasferimento dei file, provate a creare
nomi di file unici nei primi otto caratteri*

Per il trasferimento dei file utilizzate nomi
differenti almeno per i primi 8 caratteri, più
distinguerete ogni file più esso sarà trovabile in
rete

Quando fornite informazioni, assicuratevi che il vostro sito abbia qualcosa di unico da offrire. Evitate di fornire un servizio di informazioni il quale riporta semplicemente link da altri servizi in Internet

Quando fornite un servizio di informazione, quindi come se foste un notiziario assicuratevi che il vostro sito fornisca un servizio unico e non limitatevi a gestire link da altri siti, ciò non solo rende il vostro sito uguale a molti altri, ma non rende un servizio di informazione ma risulterebbe essere solo un sito che riporta notizie altrui. Un sito di informazioni deve dare informazioni diverse dagli altri, questo perchè dare le stesse informazioni di tutti gli altri rende stagnante l'informazione stessa creando ciò che nella realtà viene definita una dittatura di stato sui mezzi di informazione, dove l'informazione, i mass media non sono liberi poichè riportano tutti la stessa identica notizia. Differenziatevi dagli altri, in questo modo si avrà una pluralità di informazione e le notizie saranno molte di più rispetto a quelle di un unico rotocalco, ciò vuol dire non solo una democrazia attiva sul piano informatico e informatizzato, ma anche una vera libera cultura e una libera informazione corretta. Se vi

sono scoop eclatanti per cui è necessario inserire
e dare risalto a fatti o notizie che riportano
anche gli altri, rispettate il copyright degli altri
e riscrivete la notizia di vostro pugno in modo
da renderla unica

Non puntate ad altri siti senza chiedere prima

Non utilizzate feed, non fate trackback e non puntate a link di altri senza chiedere il permesso precedentemente. Ciò è scorretto e non utile a nessuno

Ricordate che il servizio di informazione non è solo progettazione ed implementazione. E' anche mantenimento

Il servizio di informazione non è solo progettazione ed implementazione ma anche mantenimento, sappiate utilizzare le vostre risorse per rendere sempre fresche e nuove le notizie che date, aggiornate frequentemente le notizie, scrivetene di nuove.

Se vi sono aggiornamenti sulle notizie che date, ricordatevi di modificare o scrivere un articolo di rettifica indicando che il nuovo articolo è una modifica al vostro precedente, questo perchè è giusto che i vostri utenti siano informati se vi sono aggiornamenti ed anche se i vostri articoli sono stati modificati ed in che modo.

Assicuratevi che i materiali postati siano appropriati per l'organizzazione supportata

Assicuratevi che il materiale postato sia in ordine e supportato con la regolamentazione dell'organizzazione, se non siete sicuri chiedete prima

Le applicazioni dei test hanno una grande varietà di strumenti. Non presumete che le applicazioni lavorino su qualunque browser se lo avete testato solo su un client. Inoltre, fate tecnologie per le reti a banda stretta per i clients e non create applicazioni le quali possono essere solo usate da un'interfaccia grafica dell'utente

I test che effettuate sulla vostra struttura possono essere di vario genere, se avete testato il vostro sito solo su un tipo di client non presumete che esso funzioni su tutti i client e tutti i browser, quindi abbiate una mentalità aperta sulla segnalazione dei bachi. Inoltre, fate applicazione che possano essere scaricate dalle bande strette (dial up) e non solo per le bande larghe, nonostante siamo nel 2008 oggi non tutti hanno a disposizione un dispositivo che gli garantisca un downloading molto veloce, nonostante tutte le pubblicità vantate in giro per i vari stati, quindi se volete che chiunque possa usufruire del vostro servizio di informazione adattatevi a utilizzare mezzi che possano utilizzare tutti e non fate siti fighetti che limitano l'utilizzo di qualche utente, non solo evitate di fare siti e servizi di informazione che utilizzino programmazione non consona e non in standard W3C, ciò renderebbe insicuro il

vostro sito e non solo sarebbe un sito non
proprio utilizzato da chiunque ma solo da chi ha
la stessa tecnologia

Abbiate una visione coerente sulle vostre informazioni. Assicuratevi che la gestione sia uguale in tutte le vostre applicazioni

Abbiate una visione coerente con le informazioni che gestite e date, impostatele tutte nello stesso modo sia in modo estetico sia in modo etico, l'impostazione del lavoro, il modo di lavorare deve essere sempre lo stesso e deve avere sempre la stessa professionalità anche se gli articoli vengono scritti da persone diverse date indicazioni perchè scrivano seguendo una certa etica, se volete potete indirizzarli al regolamento etico dei giornalisti, nonostante non siano giornalisti ufficiali possono comunque seguirle in questo modo si avrà una professionalità effettiva anche se non si sarà ufficialmente iscritti all'albo.

Siate sensibili sulla longevità delle vostre informazioni. Assicuratevi materiali che siano sensibili alle date, e vigilate sul loro mantenimento

Sappiate che le vostre notizie saranno trovabili in internet a lungo e che dovranno essere mantenute ed aggiornate se vi saranno notizie differenti dalle precedenti

Esportate le restrizioni da regione a regione.
Assicuratevi di capire le implicazioni delle
restrizioni esportate quando postate

Esportate le restrizioni di copyright da regione a
regione, da stato a stato, assicuratevi di capire e
di far capire le restrizioni ai vostri utenti,
assicuratevi che siano corrette a livello
legislativo

Parlate agli utenti su cosa si prevede di fare con ogni informazione che collezionate, come i feedback WWW. Avete bisogno di avvertire le persone se prevedete di pubblicare ogni loro dichiarazione, anche se data passivamente per renderla disponibile ad altri utenti

Dite agli utenti che cosa farete delle informazioni contenute nelle notizie e di tutto ciò che vi dichiareranno in sede non ufficiale, se volete rendere pubbliche ogni loro informazione o dichiarazione siete tenuti a dirglielo e a chiederne il permesso, non pubblicate nulla se non vi è consentito farlo, potete pubblicare le dichiarazioni senza il nominativo se lo ritenete comunque importante per fini di ricerca o di informazione corretta.
Ricordatevi che la posta privata non è pubblicabile, come non lo è tutto ciò che vi viene detto privatamente senza il consenso ufficiale e dichiarato della persona con cui parlate o scrivete.

Assicuratevi che la vostra politica sui servizi informativi dell'utente, come homepages, sia conosciuta bene

Assicuratevi di rendere ben nota la vostra politica sui servizi informativi che riguardano gli utenti in modo che ne siano a conoscenza prima di prendere parte al vostro sito, meglio se li mettete nella homepage.

NETIQUETTE

Network Working Group
S. Hambridge
Request For Comments: 1855

Intel Corp.

FYI: 28

October 1995

Categoria: Informationi

Linee guida alla Netiquette

Stato di questo Memo

Questo memo fornisce informazioni per le comunità internet. Questo memo non specifica un tipo di standar Internet. La distribuzione di questo memo è libera.

Abstract

Questo documento fornisce un minimo di impostazioni delle linee guida per l'Etiquette della rete internet (Network Etiquette, netiquette ndt) le quali organizzazioni possono adattare per le loro esigenze. Così, questo è scritto deliberatamente in un formato per essere adattato facilmente e per ricercare facilmente qualche particolare voce. Esso funziona anche come una minima impostazione delle linee guide per i singoli individui, utenti ed amministratori. Questo memo è il prodotto del *Responsible Use of the Network* (RUN) lavoro di gruppo del IETF.

Sommario

7.0 Gli autori

1.0 Introduzione

Nel passato, la popolazione degli utenti di internet crebbe con Internet stessa, essendo tecnicamente curata, e capita la natura del trasporto dei pacchetti e dei protocolli. Oggi, la comunità degli utenti internet include persone che sono nuove dell'ambiente. Questi *newbies* non sono familiari con la cultura di internet e non hanno bisogno di conoscere perfettamente come funziona il trasporto dei pacchetti e i protocolli.

Al fine di portare questi nuovi utenti ad avere una cultura di internet molto velocemente, questa guida offre impostazioni minime di comportamento la quale le varie comunità e individui possono adattare per i loro usi personali.

Gli individui possono essere consapevoli che non importa chi fornisce loro accesso ad internet, può essere un Internet Service Provider (ISP, ndt) attraverso un account privato, o un account pubblico, o un account per studenti universitari o societario, queste comunità hanno regolamenti sulle proprietà di posta e files, su cosa è proprio

postare o inviare, e come presentare se stessi.
Per essere sicuri controllare con le autorità
locali per leggi specifiche.

Abbiamo organizzato questo materiale in tre
sezioni: comunicazione tra singoli, il quale
include la posta ed il parlare (via chat, ndt);
comunicazione uno a molti, le quali include
mailing list e NetNews; e
Servizi di Informazione, i quali includono ftp,
WWW, Wais, Gopher, MUDs e MOOs. Infine,
abbiamo una bibliografia selezionata, la quale
può essere usata come referenza.

2.0 Comunicazioni tra singoli (*electronic mail, talk*)

Definiamo le comunicazioni tra singoli come ciò
per cui una persona è in comunicazione con
un'altra persona come se fossero faccia a faccia:
un dialogo. In generale, le regole di comune
cortesia per l'interazione con le persone possono
essere in vigore per ogni situazione e in Internet
è doppiamente importante dove, per esempio, il
linguaggio del corpo e il tono della voce devono
essere dedotte. Per maggiori informazioni sulla
Netiquette per la comunicazione via electronic
mail e chat, controllare le referenze [1,23,25,27]

nella sezione *Bibliografia Selezionata*.

2.1 Linee guida per l'utente

2.1.1 Per mail:

- A meno che abbiate un accesso ad Internet privato da un Internet provider, siate sicuri di controllare con il vostro datore di lavoro sulla proprietà delle e-mail inviate. Le leggi sulla proprietà delle e-mail variano da posto a posto..

- A meno che utilizziate un dispositivo di crittazione (hardware o software), si può dire che quell'e-mail in internet non è sicura. Mai prendere un messaggio di posta ed inserire qualche cosa che non mettereste in una cartolina.

- Rispettate le licenze sul materiale che riproducete. Quasi ogni stato ha leggi sul diritto d'autore.

- Se inoltrate o ripostate un messaggio che avete ricevuto, non modificate nessuna parola della formulazione. Se il messaggio era un messaggio personale diretto a voi e lo avete ripostato a un gruppo, dovete domandare il permesso prima.

Dovete scrivere messaggi il più corti possibili e quotare solo le parti rilevanti, ma dovete essere sicuri di dare la giusta attribuzione delle parole a chi le ha dette.

- Mai inviare lettere a catena (le catene di S. Antonio o similari, ndt) via e-mail. Le lettere a catena sono proibite in internet. I vostri privilegi di rete sarebbero revocati. Notificatele al vostro amministratore locale di sistema se ne ricevete una.

- Una buona regola empirica: essere conservativo in ciò che si invia e liberale in ciò che si riceve. Non dovete inviare messaggi di odio (chiamiamo questi "flames") sempre se siete provocati. D'altra parte, non dovete sorprendervi se vi appaiono flames ed è meglio non rispondergli.

- In generale, è una buona idea almeno controllare tutti gli indirizzi di posta prima di rispondere al messaggio. Qualche volta una persona che vi chiede per un aiuto (o un chiarimento) può mandare il messaggio che dice effettivamente "Non preoccuparti". Accertatevi che ogni messaggio a cui rispondete sia indirizzato direttamente a voi. Dovete essere in cc o direttamente nel recipiente principale (a, ndt).

- Create cose semplici per i vostri contatti. Molte intestazioni di posta includono il vostro indirizzo per la risposta. Al fine di assicurare quelle persone su chi siate, assicuratevi di includere una linea o due alla fine del vostro messaggio con le informazioni del vostro contatto. Potete creare questo file una volta ed aggiungerlo alla fine del vostro messaggio. (Qualche gestore di posta, anche software, fa questo). Nel gergo di internet questo file è conosciuto come un ".sig" o "firma" (signature in inglese, ndt). Il vostro file .sig prende il posto del vostro biglietto da visita. (E potete avere più che un applicazione in circostanze differenti).

- Fate attenzione quando inserite gli indirizzi di posta. Ci sono indirizzi i quali devono andare a un gruppo ma quando si inviano ne viene inserito dal gestore di posta soltanto uno riferito di solito a chi ha inviato l'e-mail. Controllate a chi state inviando l'e-mail.

- Guardate il campo cc quando rispondete. Non continuate ad includere persone se i messaggi devono essere una conversazione a due.

- In genere, molte persone che usano Internet non hanno tempo di rispondere alle questioni generali su Internet e sui suoi lavori. Non invare e-mail di sollecito per richiedere informazioni a persone che avete visto in RFCs o su mailing list.

- Ricorda che le persone con cui comunichi sono situate nell'intero globo. Se inviate un messaggio al quale volete una risposta immediata, la persona che lo riceve potrebbe essere a casa a dormire quando arriva. Date loro la possibilità di svegliarsi, andare al lavoro, e accedere a internet prima di decidere che l'e-mail non è arrivata o che non se ne sono preoccupati.

- Verificate tutti gli indirizzi prima di iniziare un discorso lungo o personale. E anche una buona pratica includere le parole "Lungo" nella testata dell'oggetto così chi riceve il messaggio sa che dovrà prendere tempo per leggere e rispondere giustamente. Sopra le 100 linee è considerato lungo.

- Sappiate chi contattare per ottenere aiuto. Di solito si avranno più risorse in mano. Controllate localmente per persone le quali possono aiutarvi con software e problemi di sistema. Inoltre, sappiate riconoscere chi vi invia cose discutibili o illegali. Molti siti hanno anche alias di "Postmaster" per gli utenti con esperienza, così potete inviare e-mail da questo indirizzo per ottenere un aiuto.

- Ricordate che il destinatario è un essere

umano la cui cultura, linguaggio, e umorismo hanno differenti punti di vista dai vostri personali. Ricordate che i formati delle date, le misurazioni, e gli idiomi possono non essere come i vostri. Specialmente siate cauti con il sarcasmo.

- Usate maiuscolo e minuscolo. UTILIZZARE SOLO IL MAIUSCOLO È COME SE SI STESSE GRIDANDO.

- Usate simboli per enfatizzare le frasi. Che *è* ciò che intendevo. Usare gli underscore per sottolineare le parole. _Guerra e Pace_ è il mio libro favorito.

- Usate gli smiley ed emoticons per indicare il tono della voce, ma usateli con parsimonia. :-) è un esempio di una emoticons (da guardare lateralmente). Non crediate che l'inclusione di una emoticons creerà nel destinatario felicità con ciò che dite o annienti l'effetto di un commento insultante.

- Attendete tutta la notte per inviare una risposta emotiva ad un messaggio. Se avete realmente sentimenti forti verso un soggetto, indicatelo includendolo nelle due affermazioni FLAME ON/OFF. per esempio:

FLAME ON: questo tipo di argomento non vale la pena affrontarlo. E' illogico e male ragionato.

Il resto del mondo mi approva.

FLAME OFF.

- Non includete caratteri di controllo o allegati
non ASCII nel messaggio a meno che sono
allegati MIME o a meno che il vostro mailing
host non li codifichi. Se inviate messaggi
codificati assicuratevi che il destinatario li possa
decodificare.

- Essere brevi senza essere troppo sintetici.
Quando replicate ad un messaggio, includete
materiale originale per essere capiti ma non
eccedete. E' estremamente brutto rispondere ad
un messaggio includendolo totalmente nella
risposta: eliminate tutto il materiale irrilevante.

- Limitate la lunghezza delle linee a 65 caratteri
ed impostate un limite per il ritorno a capo.

- La posta dovrebbe avere un oggetto in testa il
quale riflette il contenuto del messaggio.

- Se includete una firma tenetela corta. La
regola empirica è non più lunga di 4 linee.
Ricordate che molte persone pagano per una
connessione a minuti, e più lungo è il vostro
messaggio, più spenderanno.

- Così come la posta (oggi) può non essere
privata, la posta (e le notizie) sono (oggi) oggetto

di falsificazione e truffa di vario genere di riconoscibilità. Utilizzate il buon senso "controllate nella realtà" prima di dire che un messaggio è vero.

- Se pensate che l'importanza di un messaggio lo giustifichi, immediatamente rispondete brevemente a un messaggio e-mail per far sapere al mittente che lo avete visto e che invierete una risposta lunga dopo.

- Le aspettative "Ragionevoli" per la condotta via e-mail dipendono dai vostri rapporti con una persona e il contesto delle comunicazioni. Le norme insegnano che in un particolare ambiente la norma generale dell'e-mail può non essere applicata generalmente alla vostra comunicazione con persone attraverso internet. Siate prudenti con lo slang o acronimi locali.

- Il costo di spedizione di un messaggio e-mail è, in media, pagato equamente sia dal mittente sia dal ricevente (o dalle loro organizzazioni). Questa è differente dagli altri supporti fisici come la posta, il telefono, la televisione, o la radio. Spedendo a qualcuno la posta può anche costare loro in altri specifici modi come la banda di rete, lo spazio disco o l'uso della CPU. Questo è una ragione economicamente fondamentale perchè non inviate e-mail pubblicitarie sgradite e non desiderate (ed è proibito in ogni contesto).

- Sappiate quanto è largo il messaggio che inviate. Includendo un file molto largo come un Postscript files o programmi possono creare un messaggio così largo che non è possibile spedirlo o al massimo consuma eccessive risorse. Una buona regola empirica dovrebbe essere non inviare un file più largo di 50 Kilobytes. Considerate il trasferimento dei file come un'alternativa, o tagliate il file in piccoli pacchetti e inviateli ognuno come un messaggio separato.

- Non inviate tanti solleciti di informazioni alle persone.

- Se il vostro sistema di posta vi permette di inoltrare le e-mail, guardatevi dall'inoltrare a ciclo continuo il messaggio. Siate sicuri di non avere impostato la trasmissione su più di un host in modo tale che un messaggio vi invii in un loop infinito da un computer ad un altro.

2.1.2 Per parlare:

La chat è una serie di protocolli i quali permettono a due persone di avere un dialogo interattivo via computer.

- Utilizzate un misto di caratteri e una corretta punteggiatura, come se steste scrivendo una lettera o inviando della posta.

- Non correte alla fine della linea e lasciate semplicemente che il terminale reinizi; usate un Ritorno a Capo (CR) alla fine della linea. Inoltre, non presumete che la grandezza del vostro schermo sia come quella degli altri. Una buona regola empirica è scrivere non più di 70 caratteri, e non più di 12 linee (dal momento che si sta utilizzando uno split screen).

- Lasciate qualche margine; non scrivete fino al bordo dello schermo.

- Usate 2 ritorni a capo per indicare che avete finito e l'altra persona potrà cominciare a scrivere. (linea vuota).

- Dite sempre ciao, o qualche altro saluto di uscita, e aspettate di vedere un saluto dall'altra persona prima di chiudere la sessione. Questo è importante specialmente quando comunicate con qualcuno di molto lontano. Ricordate che la vostra comunicazione si basa su entrambe le bande di collegamento (le dimensioni reali della banda) e la latenza (la veloce della luce).

- Ricordate che parlare è un'interruzione dell'altra persona. Parlate solamente in modo appropriato. E mai parlare strano.

- La ragione per non ricevere una risposta sono molte. Non presumete che tutto funzioni correttamente. Non tutte le versioni delle chat sono compatibili fra di loro.

- Se lasciate il vostro contatto abbandonato per qualche attimo, parlate di nuovo con il destinatario con cui stavate parlando precedentemente. Permettetegli di parlarvi una o due volte, prima di chiudere il contatto.

- Se una persona non vi risponde dovete cercare un'altro tty (programma per parlare in chat, ndt). Usateli tutti per determinare quali siano aperti. Se una persona non risponde, non continuate ad inviare.

- In chat guardate la vostra abilità nello scrivere. Se la vostra scrittura è lenta e crea errori quando digitate spesso non trovate il tempo per digitare la parola corretta, le altre persone possono ugualmente interpretare cosa significa la parola.

- Fate attenzione se avete più di una sessione di chat aperta!

2.2 Problemi degli amministratori

- Siate sicuri di avere stabilito le linee guida

scritte per il trattamento delle situazioni illegali, improprie, o sugli utenti.

- Gestire le richieste in modo tempestivo - generalmente entro il primo giorno lavorativo.

- Rispondere prontamente alle persone che si preoccupano sulla ricezione di messaggi impropri o illegali. Le richieste concernenti catene di S. Antonio devono essere gestite immediatamente.

- Spiegate le regole con ogni sistema, come ad esempio le quote del disco rigido, a disposizione dei vostri utenti. Fate in modo che abbiano compreso tutte le richieste che l'amministratore richiede sull'invio di files via e-mail come: il riempimento del disco; le bollette telefoniche, ritardi delle e-mail, eccetera eccetera.

- Fate in modo che abbiate aliases di "postmaster". Fate in modo di avere un alias per "root". Fate in modo che qualcuno legga quell'e-mail.

- Esaminate le denuncie sui vostri utenti con una mentalità aperta. Ricordate che i loro indirizzi possono essere rubati e spooffati.

3.0 Comunicazione uno a molti (Mailing lists, Newsgroups)

Ogni volta che cominciate una comunicazione uno a molti, tutte le regole precedentemente dette si possono anche applicare. Dopotutto, la comunicazione con molte persone via messaggi di posta o *post* è del tutto analoga alla comunicazione con una persona sola con l'eccezione della possibilità di offendere una quantità maggiore di persone che nelle comunicazioni tra singoli. Perciò, è molto importante conoscere il più che potete sulla popolarità dei vostri messaggi.

3.1 Linee guida dell'utente

3.1.1 Linee Guida generali per le mailing lists e newsgroups

- Leggete entrambi, mailing lists e newsgroups, per uno o due mesi prima di pubblicare qualunque cosa su di esso. Questo vi aiuta a capire la cultura del gruppo.

- Non biasimate l'amministratore di sistema per

il comportamento degli utenti del sistema.

- Considerate che i vostri posts avranno un largo ascolto. Che possono vedere il vostro attuale o prossimo capo. Fate attenzione a cosa scrivete. Ricordate anche, che le mailing lists e i newsgroups sono frequentemente archiviati, e che le vostre parole possono essere immagazzinate per un periodo molto lungo in un posto il quale molte persone hanno accesso.

  - Presupponete che i singoli parlano per loro stessi, e che ciò che loro dicono non rappresenta la loro organizzazione o società (a meno che non è stato detto esplicitamente).

- Ricordate che entrambi, posta e newsgroups, prendono le risorse del sistema. Porre attenzione a ogni specifica regola che copre gli usi e costumi che la vostra organizzazione può avere.

- I messaggi e gli articoli dovrebbero essere brevi e concisi. Non andate off -topic, non bighellonate e non mandate messaggi di posta o post solo per segnalare errori nella scrittura o di ortografia. Questi, più che ogni altro comportamento, vi marcano come un immaturo nuovo utente di internet.

- Gli oggetti delle conversazioni dovrebbero seguire le convenzioni del gruppo.

- Rubare e spooffare non sono comportamenti approvati.

- La pubblicità è benvenuta su qualche lista e newsgroups, e aborrita su altri! Questo è un altro esempio del conoscere ed ascoltare gli altri prima di postare. Non sollecitate la pubblicità la quale è completamente off-topic è quasi certo che riceverete una grande quantità di posta d'odio.

- Se avete inviato una risposta a un messaggio o ad un post siate sicuri di riassumere l'originale all'inizio del messaggio, o includete solo il testo sufficiente dell'originale per dare un contesto. Questo renderà sicure le persone che sapranno quando cominciare a leggere le vostre risposte. Dal momento che i newsgroups, specialmente, sono una distrubuzione dei post da uno host all'altro, è possibile vedere una risposta a un messaggio prima di vedere l'originale. Questo contesto aiuta chiunque. Ma non includete l'intero originale!

- Ancora, siate sicuri di avere una firma da allegare al vostro messaggio. Questo garantirà che ogni persona iscritta alla mailing list o al newsreader non elimineranno un messaggio di testa il quale è l'unico che può far raggiungere il mittente.

- Abbiate cura quando rispondete al messaggio o al post. Frequentemente le risposte sono inviate indietro all'indirizzo che ha originato il post - il quale in molti casi è l'indirizzo della lista del gruppo! Potete accidentalmente inviare a una persona le risposte riferite a un gruppo di molte persone, ciò è imbarazzante per tutti i soggetti coinvolti. La cosa migliore è riscrivere l'indirizzo anzichè basarsi sul tasto "rispondi".

- Le ricevute della consegna della posta, la mancata consegna degli avvisi, le vacanze programmate, non sono nè totalmente standardizzati nè totalmente affidabili in tutta la gamma di sistemi per internet. Essi sono invasive quando inviate a mailing lists, e qualche persona la considera un invasione della privacy. In breve, non usatele.

- Se ricevete un messaggio personale avuto da una lista o un gruppo, inviate le vostre scuse alle persone e al gruppo.

- Se vi trovate in disaccordo con una persona, cercate di risolvere la questione in via privata anzichè continuare ad inviare messaggi alla lista o al gruppo. Se dibattete un punto sul quale il gruppo potrebbe avere qualche interesse, dovreste riassumere per chi non ha seguito sin dall'inizio e arriva successivamente.

- Non cominciate una guerra di flames. E nemmeno postate o rispondete a messaggi provocatori.

- Evitate di inviare messaggi o di postare articoli i quali non sono mai che risposte gratuite ad altre risposte.

- State attenti ai font monospacing e ai diagrammi. Questi verranno visualizzati differentemente da ogni sistema, e da differenti mailers sullo stesso sistema.

- Ci sono Newsgroups e Mailing Lists i quali discutono di topics vari e di vari interessi. Ciò rappresenta una diversità dei vari stili di vita, religioni, e culture. Postando articoli o inviando messaggi a un gruppo i quali punti di vista sono offensivi per voi semplicemente parlatene a loro che le loro offese non sono accettabili. Messaggi sessuali e razziali molesti possono implicare una responsabilità giuridica, penale o civile. Ci sono software che danno la possibilità di filtrare parole o interi oggetti che vengono considerati discutibili.

3.1.2 Linee guida per le Mailing List

Ci sono diversi modi per cercare informazioni

sulle varie mailing list che esistono su Internet e indicano come unirsi a loro. Assicuratevi di comprendere le politiche delle varie organizzazioni sull'adesione e sul posting dei messaggi presso di loro. In generale è sempre meglio controllare gli storici delle liste prima di provare a cercare le informazioni via internet. Ciò nonostante, ci sono una serie di file postati periodicamente di indici di news answers ai quali è possibile iscriversi. Questa è una preziosa risorsa per trovare liste di ogni genere. Vedere anche le referenze [9, 13, 15] nella Bibliografia Selezionata.

- Inviate la sottoscrizione e la de-iscrizione dai messaggi all'indirizzo appropriato. Sebbene qualche software per mailing list riesce ad utilizzare l'indirizzo corretto, non tutti però. Sebbene molte mailing list aderiscono ad una richiesta convenzionale "-request" di alias per l'invio della sottoscrizione e de-iscrizione dai messaggi, ma non tutte. Siate sicuri di conoscere gli usi e costumi delle liste alle quali vi iscrivete.

- Salvate i messaggi delle sottoscrizioni per ogni lista a cui accedete. Queste usualmente vi dicono come de-iscrivervi da loro.

- In generale, non è possibile recuperare i messaggi una volta inviati. Nemmeno l'amministratore di sistema sarà in grado di recuperare i vostri messaggi una volta inviati. Questo significa che dovete essere sicuri di ciò che volete realmente inviare nel vostro messaggio prima di postarlo.

- La funzione di risposta automatica di molti mailers è comunemente per una comunicazione *in-house*, ma abbastanza noiosa quando inviata a tutta la mailing list. Esaminate la funzione "rispondi a" gli indirizzi quando rispondete ai messaggi da una lista. Più risposte automatiche andrebbero a tutti i membri della lista.

- Non inviate file grossi alla mailing lists quando è possibile inviarli tramite *Uniform Resource Locators* (URLs) o versioni di ftp. Se volete inviarli come file multipli, dovete essere sicuri di seguire la cultura del gruppo. Se non conoscete cosa comportino i loro usi e costumi, chiedete.

- Considerate la de-iscrizione o le impostazioni una opzione di "nomail" (quando è possibile) quando potete controllate la vostra posta per un periodo esteso.

- Quando inviate un messaggio a più di una mailing list, specialmente se le liste sono strettamente nascoste, scusatevi per il cross posting.

- Se fate una domanda, siate sicuri di postare un riassunto. Quando fate ciò, è meglio riassumere piuttosto che inviare un cumulo di messaggi uno dietro l'altro.

- Alcune mailing lists sono private. Non inviate posta a queste liste se non siete invitati. Non riportate la posta da queste liste ad un pubblico più vasto.

- Se siete catturati da un argomento, mantenete viva la discussione focalizzata spesso sui problemi che su conversazioni personali.

3.1.3 Linee Guida per i NewsGroups

Il NewsGroup è distribuito globalmente da un sistema il quale permette a persone di comunicare su topics di interesse specifico. E' diviso in gerarchie, con una maggior divisione: sci -scienza e relative discussioni; comp -computer e discussioni relative; news - per le discussioni le quali si incentrano attorno alle notizie della rete; rec - attività ricreazionali; soc -problemi sociali; talk discussioni *long winded never-ending*; biz -business e post relativi; and alt -la gerarchia alternativa. *Alt* è così nominato perchè crea un gruppo alt che fa parte della stessa struttura gerarchia tradizionale. Ci sono anche gerarchie regionali, gerarchie le quali sono distribuite ampiamente come Bionet, e il vostro posto nel mercato può avere il suo gruppo. Recentemente, si era aggiunta una gerarchia "umanitaria" e con il passare del tempo sarà aggiunto ciò che più vi piace. Per una discussione più completa sulle News vedere le referenze [2,8,22,23] nella bibliografia selezionata.

- Nel linguaggio dei NewsGroups, "posting" si riferisce al postare un nuovo articolo in un gruppo, o alla risposta ad un post che qualcun altro ha postato. "Cross posting" si riferisce a postare un messaggio su più di un gruppo. Se introducete Cross posting in un gruppo, o se indicate "Followup-to" nell'oggetto del vostro post, avvisate i lettori! I lettori assumeranno usualmente che quel messaggio era postato a uno specifico gruppo e che i susseguenti andranno ad altri gruppi. Le intestazioni possono cambiare il comportamento.

- Leggete tutta una discussione in progresso (chiamiamo questo un thread) prima di postare le risposte. Evitate di postare messaggi tipo "anch'io", dove il contenuto è limitato ad un assenso con i post precedenti. I contenuti di un post seguente potrebbe eccedere in contenuti quotati.

- Inviate posta quando una risposta a una domanda è per una persona sola. Ricordate che le notizie hanno una distribuzione globale e l'intero mondo probabilmente non è interessato ad una risposta personale. Comunque, non esitate a postare quando qualcosa è di interesse generale ai partecipanti del gruppo.

- Controllate la sezione della "distribuzione", ma non dipendono da essa. A causa del complesso metodo con il quale le notizie sono spedite, le varie distribuzioni sono inaffidabili. Ma, se state postando qualcosa che sarà di interesse a un numero limitato di lettori, usate una linea che attesti questo limite sulla distribuzione del vostro articolo a queste persone. Per esempio, impostate la distribuzione per essere "nj" se postate un articolo che sarà interessante solo per i lettori del New Jersey.

- Se sentite che un articolo sarà di interesse a più persone che un solo NewsGroup, siate sicuri di effettuare un CROSSPOST dell'articolo che sarà postato spesso individualmente a questi gruppi. In generale, probabilmente solo 5 o sei gruppi avranno interessi abbastanza simili per poterlo postare.

- Considerate l'uso di fonti per le referenze (Manuali di computer, quotidiani, file di aiuto) prima di postare una domanda. Domandando a un NewsGroup dove le risposte potrebbero essere prontamente disponibili e altri che generano innervosimento "RTFM" (acronimo di Read The Fine Manual, leggiti un buon manuale, anche se è generalmente implicita una parola volgare che inizia per "f") nei messaggi.

- Anche se ci sono NewsGroups i quali sono i benvenuti i messaggi pubblicitari, in generale è considerato alla stessa stregua dei criminali pubblicizzare prodotti off topic. Inviando una pubblicità a ognuno e ogni gruppo dovrà garantire una perdita di connettività.

- Se scoprite un errore in un post, cancellatelo appena possibile.

- NON tentate di cancellare ogni articolo ma solo il vostro. Contattate l'amministratore se non sapete come cancellare il vostro post, o se qualcun altro posta, come ad esempio una catena di S. Antonio, bisogna cancellarla.

- Se avete postato qualcosa e non lo vedete immediatamente, non presumete che sia fallito il tentativo e ripostatelo.

- Qualche gruppo permette (e qualcuno è il

benvenuto) posts i quali in altre circostanze
porrebbero essere considerati di dubbio gusto.
Inoltre, non c'è garanzia che tutte le persone
leggendo il gruppo apprezzeranno il materiale
come voi. Usate l'utilità Rotate (strumento di
crittografia semplificato e rudimentale ndt, la
quale ruoterete tutti i caratteri di 13 posizioni
dalla loro originale posizione nell'alfabeto, la
crittografia di Giulio Cesare ndt) se volete
evitare di dare offese. L'utilità Rot13 per Unix è
un altro esempio.

- Nei gruppi i quali le discussioni sono sui film o
libri è considerato essenziale marcare i post i
quali divulgano i contenuti significativi come
"Spoilers". Mettere questa parola nei vostri
oggetti: linea. Potete aggiungere una linea vuota
all'inizio del vostro post per mantenere i
contentuti fuori campo, o potete rotarli.

- La creazione di articoli di notizie è
generalmente censurata. Potete proteggere voi
stessi dalla creazione usando un software il
quale generate una manipolazione di un
rilevamento "fingerprint", come PGP (negli
USA).

- Postare in via anonima sui server è accettata
da qualche Newsgroups e azione non piaciuta in
altri. Il materiale che è inappropriato quando è
postato sotto il proprio nome è ancora più

inappropriato postato in anonimo.

- Aspettarsi un leggero ritardo nella vista del vostro post quando il gruppo è moderato. Il moderatore può cambiare l'oggetto del vostro topic per avere il vostro post conforme a un particolare thread.

- Non cominciate guerre di flames. Nemmeno postate una risposta con materiale incendiario.

3.2 Linee Guida per gli amministratori

3.2.1 Problemi generali

- Chiarite ogni politica sul vostro sito che ha sulla sottoscrizione ai NewsGroups e sulla sottoscrizione alle mailing lists.

- Chiarite ogni politica sul vostro sito che ha sul posting nei NewsGroups o nelle mailing list, includendo l'uso dei disclaimer nelle firme.

- Chiarite e pubblicizzate l'archivio delle varie politiche. (Per quanto tempo sono tenuti gli articoli?)

- Investigare su accuse ai propri utenti prontamente e con una mente aperta.

- Siate sicuri di monitorare correttamente il vostro sistema.

- Considerate quanto tempo i log di sistema devono essere archiviati, e pubblicizzate la vostra politica su di loro.

3.2.2 Mailing Lists

- Mantenere le mailing list aggiornate per evitare un problema di posta "in sospeso".

- Date l'elenco dei proprietari per quando sorgono problemi.

- Informate i proprietari per ogni mantenimento o disconnessione programmata.

- Assicuratevi di avere aliases per la sottoscrizione e l'amministrazione

- Assicuratevi che tutti i gateways di posta abbiano un corretto funzionamento.

3.2.3. NetNews

- Pubblicizzate la natura dei feed che ricevete. Se non avete un feed completo, le persone potrebbero volerlo conoscere.

- Siate consapevoli che una grossa molteplicità di lettori delle news può causare problemi nel server News per errori nei clients.

- Onorate le richieste da parte degli utenti immediatamente se   richiedono la cancellazione dei loro post o di post impropri, come le catene di S. Antonio.

- Quando avete alias "Usenet", "Netnews" e "News" assicuratevi che qualcuno legga la posta regolarmente.

3.3 Linee Guida dei Moderatori

3.3.1 Linee Guida Generali

- Assicuratevi che le vostre Fraquently Asked Questions (FAQ) siano aggiornate ad un regolare intervallo. Includete le vostre linee guida per articoli e messaggi. Se non siete il responsabile delle FAQ, assicuratevi che sia fatto.

- Assicuratevi di avere un buon messaggio di

benvenuto, il quale contiene le informazioni per la sottoscrizione e la de-iscrizione.

- I NewsGroups potrebbero avere linee guida personali postate regolarmente per essere aggiornate.

- Mantenete la mailing list e i NewsGroups aggiornate. Postate messaggi in modo tempestivo. Designate un sostituto quando andate in vacanza o siete fuori città.

4.0 Servizi di Informazioni (Gopher, Wais, WWW, ftp, telnet)

Nella storia recente di Internet, la rete è esplosa con nuove e vari servizi di informazione. Gopher, Wais, World Wide Web (WWW), Multi-User Dimensions (MUD), Multi-User Dimensions che sono orientati agli oggetti (MOOs) alcune di queste sono nuove aree. Sebbene l'abilità di trovare informazioni stia esplodendo, "Caveat Emptor" rimane costante. Per più informazioni su questi servizi, controllate le referenze [14,28] nella Bibliografia selezionata.

4.1 Linee Guida degli utenti

4.1.1. Linee Guida Generale

- Ricordate che tutti questi servizi appartengono a chiunque altro. Le persone che pagano le fatture per ricevere le regole d'uso. Le informazioni possono essere libere - o no! Controllate.

- Se avete problemi con ogni forma di servizio d'informazione, avviate la risoluzione dei problemi localmente: Controllate file e configurazioni, configurazioni software, connessioni di rete, eccetera eccetera. Fate questo prima di dire che il problema è del provider o del provider in affitto.

- Sebbene ci sono convenzioni di denominazione per i vari tipi di file usati, non dipende da queste le convenzioni di denominazione di file da seguire. Per esempio, un file ".doc" non è sempre un file di Word.

- I servizi di informazioni usano anche convenzioni, come www.xyz.com. Mentre è utile conoscere queste convenzioni, ancora, non necessariamente si può fare affidamento su di essi.

- Sappiate come i nomi dei file lavorano sul vostro sistema.

- Siate consapevoli delle convenzioni usate per fornire informazioni durante le sessioni. I siti FTP hanno di solito file nominati README in una directory di alto livello il quale ha informazioni sui file disponibili. Ma, non assume che questi files sono necessariamente aggiornati e/o precisi.

- NON presumete che OGNI informazione che trovate sia aggiornata e/o precisa. Ricordate che le nuove tecnologie permettono ad ogni utente di essere un editore, ma non tutte le persone hanno scoperto la responsabilità che accompagna la pubblicazione.

- Ricordate che a meno che siate sicuri che la sicurezza e la tecnologia di autenticazione è in uso, che ogni informazione che immettete nel sistema è stata trasmessa su interne "in chiaro", senza nessuna protezione da "sniffer" o falsari.

- Da quando Internet si è espanso per il globo, ricordate che i servizi di informazione devono riflettere la cultura e lo stile di vita nettamente diverse dalla vostra comunità. I materiali che trovate offensivi possono essere originati in luoghi dove sono considerati accettabili. Mantenere una mente aperta.

- Quando aspettate informazioni da un popolare server, assicuratevi di usare un server mirror che è vicino se un elenco è previsto.

- Non usate il sito FTP di qualcun altro per depositare materiali che tu o altre persone vorrebbero caricare sul sito. Questo è chiamato "dumping" e non è generalmente un comportamento accettato.

- Quando avete problemi con un sito e chiedete per un aiuto, assicuratevi di fornire più informazioni possibili per aiutare la risoluzione dei problemi.

- Quando avete il vostro servizio d'informazione, come una homepage, assicuratevi di controllare con il vostro amministratore di sistema per cercare le leggi locali in vigore.

- Considerate la diffusione del sistema a carico dei siti popolari evitando "le ore di punta" e loggandovi in orari meno carichi del sistema.

4.1.2 Linee Guida per i servizi in tempo reale (MUDs, MOOs, IRC)

- Come in altri ambienti, è saggio "ascoltare" prima di conoscere la cultura del gruppo.

- Non è necessario salutare ognuno singolarmente su un canale o una stanza. Di solito un "Ciao" solo per tutti o l'equivalente è abbastanza. Usando le funzioni di automazione dei vostri client per salutare le persone non è un comportamento accettabile.

- Mettete in guardia i partecipanti se intendete spedire grosse quantità di informazioni. Se tutti acconsentono di riceverlo, potete spedirlo, ma spedire informazioni indesiderate senza avvisare è considerato cattiva forma proprio come nella posta.

- Non presumete che le persone che non conoscete vorranno parlare con voi. Se vi sentite costretti ad inviare messaggi privati a persone che non conoscete, allora dovreste accettare il fatto che potrebbero essere impegnati o non vogliano chiacchierare con voi.

- Rispettate le linee guida del gruppo. Guardate il materiale introduttivo del gruppo. Questo può essere su un relativo sito FTP.

- Non infastidite gli altri utenti per ottenere informazioni personali quali sesso, età o luogo di provenienza. Dopo aver conosciuto un altro utente, queste domande possono essere appropriate, ma molte persone esitano a dare queste informazioni a persone con cui non sono familiari.

- Se un utente sta usando un alias, nickname o uno pseudonimo, rispettate quell'utente che desidera il suo anonimato. Anche se voi e quella persona siete amici intimi, è più cortese usare il suo nickname. Non usate il nome reale di quella persona online senza il suo permesso.

4.2 Linee Guida per gli amministratori

4.2.1 Linee guida generali

- Siate chiari su cosa è possibile copiare e cosa non lo è.

- Descrivete cosa è possibile fare sul vostro sito, e la vostra organizzazione. Assicuratevi che ogni politica generale sia chiara.

- Mantenete le informazioni, specialmente i README, aggiornati. Fornite README in formato testo ascii.

- Presentate una lista di mirror del vostro sito se li conoscete. Assicuratevi di includere un regolamento per il copyright applicabile al vostro mirrors. Aggiornate l'elenco della lista se possibile.

- Assicuratevi che le informazioni popolari (e di massa) abbiano la banda per supportarlo.

- Usate le convenzioni per i file in estensioni -.txt per i testi in ascii; .html o .htm per HTML; .ps per i Postscript; .pdf per i Portable Document Format; .sgml o .sgm per SGML; .exe per non -Unix eseguibili, eccetera eccetera.

- Per il trasferimento dei file, provate a creare nomi di file unici nei primi otto caratteri.

- Quando fornite informazioni, assicuratevi che il vostro sito abbia qualcosa di unico da offrire. Evitate di fornire un servizio di informazioni il quale riporta semplicemente link da altri servizi in Internet.

- Non puntate ad altri siti senza chiedere prima.

- Ricordate che il servizio di informazione non è solo progettazione ed implementazione. E' anche mantenimento.

- Assicuratevi che i materiali postati siano appropriati per l'organizzazione supportata.

- Le applicazioni dei test hanno una grande varietà di strumenti. Non presumete che le applicazioni lavorino su qualunque browser se lo avete testato solo su un client. Inoltre, fate tecnologie per le reti a banda stretta per i clients e non create applicazioni le quali possono essere solo usate da un'interfaccia grafica dell'utente.

- Abbiate una visione coerente sulle vostre informazioni. Assicuratevi che la gestione sia uguale in tutte le vostre applicazioni.

- Siate sensibili sulla longevità delle vostre informazioni. Assicuratevi materiali che siano sensibili alle date, e vigilate sul loro mantenimento.

- Esportate le restrizioni da regione a regione. Assicuratevi di capire le implicazioni delle restrizioni esportate quando postate.

- Parlate agli utenti su cosa si prevede di fare con ogni informazione che collezionate, come i feedback WWW. Avete bisogno di avvertire le persone se prevedete di pubblicare ogni loro dichiarazione, anche se data passivamente per renderla disponibile ad altri utenti.

- Assicuratevi che la vostra politica sui servizi informativi dell'utente, come le homepages, sia conosciuta bene

5.0 Bibliografia selezionata

Questa bibliografia è stata usata per raccogliere

più informazioni nelle sezioni di cui sopra. Gli oggetti non specificatamente cercati in questi lavori sono stati raccolti dal IETF-RUN Working Group's experience.

[1] Angell, D., and B. Heslop, "The Elements of E-mail Style",

New York: Addison-Wesley, 1994.

[2] "Answers to Frequently Asked Questions about Usenet"

Original author: jerry@eagle.UUCP (Jerry Schwarz)

Maintained by: netannounce@deshaw.com (Mark Moraes)

Archive-name: usenet-faq/part1

[3] Cerf, V., "Guidelines for Conduct on and Use of

Internet", at: <URL://http://www.isoc.org/proceedings/

conduct/cerf-Aug-draft.html>

[4] Dern, D., "The Internet Guide for New Users", New York:

McGraw-Hill, 1994.

[5] "Emily Postnews Answers Your Questions

on Netiquette"

 Original author: brad@looking.on.ca (Brad
Templeton)

 Maintained by: netannounce@deshaw.com
(Mark Moraes)

 Archive-name: emily-postnews/part1

[6] Gaffin, A., "Everybody's Guide to the
Internet",

Cambridge,

Mass., MIT Press, 1994.

 [7] "Guidelines for Responsible Use of the
Internet"

 from the US house of Representatives gopher,
at:

<URL:gopher://gopher.house.gov:70/OF-1%3a20
8%3aInternet

%20Etiquette>

 [8] How to find the right place to post (FAQ)

 by buglady@bronze.lcs.mit.edu (Aliza R. Panitz)

 Archive-name: finding-groups/general

[9] Hambridge, S., and J. Sedayao, "Horses and
Barn Doors:

Evolution of Corporate Guidelines for Internet Usage",

LISA VII, Usenix, November 1-5, 1993, pp. 9-16.

<URL: ftp://ftp.intel.com/pub/papers/horses.ps or

horses.ascii>

[10] Heslop, B., and D. Angell, "The Instant Internet guide :

Hands-on Global Networking", Reading, Mass., Addison-Wesley,

1994.

[11] Horwitz, S., "Internet Etiquette Tips",

<ftp://ftp.temple.edu/pub/info/help-net/netiquette.infohn>

[12] Internet Activities Board, "Ethics and the Internet", RFC 1087,

IAB, January 1989. <URL: ftp://ds.internic.net/rfc/rfc1087.txt>

[13] Kehoe, B., "Zen and the Art of the Internet: A Beginner's

Guide", Netiquette information is spread through the chapters

of this work. 3rd ed. Englewood Cliffs, NJ.,
Prentice-Hall,

1994.

[14] Kochmer, J., "Internet Passport:
NorthWestNet's Guide

to our World Online", 4th ed. Bellevue, Wash.,

NorthWestNet, Northwest Academic
Computing Consortium, 1993.

[15] Krol, Ed, "The Whole Internet: User's
Guide and

Catalog", Sebastopol, CA, O'Reilly &
Associates,

1992.

[16] Lane, E. and C. Summerhill, "Internet
Primer for

Information Professionals: a basic guide to
Internet networking

technology", Westport, CT, Meckler, 1993.

[17] LaQuey, T., and J. Ryer, "The Internet
Companion",

Chapter 3 "Communicating with People", pp
41-74. Reading,

MA, Addison-Wesley, 1993.

[18] Mandel, T., "Surfing the Wild Internet",

SRI International

Business Intelligence Program, Scan No. 2109. March, 1993.

<URL: gopher://gopher.well.sf.ca.us:70/00/Communications/

surf-wild>

[19] Martin, J., "There's Gold in them thar Networks! or Searching for

Treasure in all the Wrong Places", FYI 10, RFC 1402,

January 1993. <URL: ftp://ds.internic.net/rfc/rfc1402.txt>

[20] Pioch, N., "A Short IRC Primer", Text conversion

by Owe Rasmussen. Edition 1.1b, February 28, 1993.

<URL: http://www.kei.com/irc/IRCprimer1.1.txt>

[21] Polly, J., "Surfing the Internet: an Introduction",

Version 2.0.3. Revised May 15, 1993.

<URL: gopher://nysernet.org:70/00/ftp %20archives/

pub/resources/guides/surfing.2.0.3.txt>

<URL: ftp://ftp.nysernet.org/pub/resources/guides/ surfing.2.0.3.txt>

[22] "A Primer on How to Work With the Usenet Community"

Original author: chuq@apple.com (Chuq Von Rospach)

Maintained by: netannounce@deshaw.com (Mark Moraes)

Archive-name: usenet-primer/part1

[23] Rinaldi, A., "The Net: User Guidelines and Netiquette",

September 3, 1992.

<URL: http://www.fau.edu/rinaldi/net/index.htm>

[24] "Rules for posting to Usenet"

Original author: spaf@cs.purdue.edu (Gene Spafford)

Maintained by: netannounce@deshaw.com (Mark Moraes)

Archive-name: posting-rules/part1

[25] Shea, V., "Netiquette", San Francisco: Albion Books,

1994?.

[26] Strangelove, M., with A. Bosley, "How to Advertise

on the Internet", ISSN 1201-0758.

[27] Tenant, R., "Internet Basics", ERIC Clearinghouse of Information

Resources, EDO-IR-92-7. September, 1992.
<URL: gopher://nic.merit.edu:7043/00/introducing.

the.internet/internet.basics.eric-digest>

<URL: gopher://vega.lib.ncsu.edu:70/00/library/

reference/guides/tennet>

[28] Wiggins, R., "The Internet for everyone: a guide for

users and providers", New York, McGraw-Hill, 1995.

.0 Considerazioni sulla sicurezza

Problemi sulla sicurezza non sono discussi in questo memo.

.0 Author's Address

Sally Hambridge

Intel Corporation

2880 Northwestern Parkway

SC3-15

Santa Clara, CA 95052

Phone: 408-765-2931

Fax: 408-765-3679

EMail: sallyh@ludwig.sc.intel.com

Traduzione integrale di:

Gallerini Micaela (a.k.a. heba)

e-mail: mat.r.gl@gmail.com

GLOSSARIO

Algoritmo: l'algoritmo è un programma, esso non è scritto in linguaggio di programmazione (php, cobol, pascal, C, eccetera eccetera), ma semplicemente in italiano utilizzando tutte le tecniche di programmazione e la logica informatica per ottenere il risultato richiesto; senza l'algoritmo non si riesce ad avere una corretta visuale reale del programma e del risultato, nonchè non si riescono a trovare i bachi di logica. In lingua inglese Algoritmo identifica, però, una funzione matematica sulla cui base verrà scritto l'algoritmo informatico, in lingua italiana è bene, quindi, specificare a quale dei due ci si sta riferendo altrimenti se si dice solo algoritmo si identifica solo il programma in lingua italiana se si parla di algoritmo matematico si parlerà della funzione matematica.

Alias: questa parola può riferirsi sia ad una persona, in questo caso utilizzerà uno pseudonimo, un alias, sia ad una casella di posta per cui ci saranno caselle di posta generiche, per es. il noreply@miosito.com, le quali di solito sono quelle preposte come indirizzi di posta pubblici, le utilizzano le aziende solitamente come per es. il servizio clienti.

Antivirus/antimalware: programmi che controllano il sistema operativo ed evidenziano i vari virus o malware all'interno del computer e li eliminano lasciando il sistema pulito.

ASCII: acronimo di American Standard Code for Information Interchange, identifica la caratterizzazione a 7 bit di alcuni simboli o caratteri che vengono rappresentati in scrittura, di solito si possono utilizzare anche per creare disegni a due dimensioni molto suggestivi nel vederli.

Ban: il ban è quando un utente viene espulso da una comunità internet, in italiano si è creato un gergo con il verbo bannare, espellere.

Blacklist: la blacklist è la cosiddetta lista nera, in programmazione viene utilizzata per identificare un gruppo di IP, e-mail o che vengono bloccati dall'utente o da un'apposito software, per esempio il firewall.

Blog: struttura informatica CMS che può essere utilizzato come un diario personale online, oppure come una rivista o un sito a contenuti variabili.

Bug: in italiano baco o bachi, in informatica sono errori di programmazione più o meno gravi che possono creare problematiche a volte serie, quando gli errori riguardano la sicurezza informatica si chiama falla.

Chat: la chat è un programma che utilizza vari protocolli internet, come per esempio TCP/IP, e segue precise regole di programmazione descritte negli RFCs.

Client: macchina inserita in una rete intranet che comunica con il server tramite nodi interni e non esterni. E' possibile che una macchina collegata in internet faccia da client ogni qual volta che scambia pacchetti di rete con la macchina in cui è salvato il sito che sta visitando.

CMS: acronimo di Content Managements System, struttura informatica che utilizza prettamente i CSS per la gestione grafica e permette di avere all'interno del sito una gestione dei permessi tra amministratore e utenti differenziata.

Community: dall'inglese comunità, in internet identifica una comunità di due o più persone con ideologie in comune che si riuniscono in un dato luogo (forum, blog, chat, mailing list, o siti specifici) per poter comunicare tra di loro, una comunità di internet è soggetta a tutti i regolamenti che vengono dati a tutti gli altri, essa fa parte dell'intera società mondiale di internet.

Computer: calcolatore elettronico o definito anche solo macchina elettronica.

Copyleft: alla parola right di copyright è stata sostituita con left la C che rappresenta il copyright è stata rivolta con l'apertura verso sinistra, indica di solito una tipoligia di licenza non full copyright, il proprietario dei diritti d'autore decide quali e quanti diritti rilasciare a chi usufruisce dei suoi lavori, può permettere la copia oppure di poter modificare il proprio lavoro o non permettere la commercializzazione. Questo libro è sotto una licenza copyleft.

CPU: Central Processing Unit, è l'unità centrale del calcolatore ovvero il vostro computer. Definito anche semplicemente processore, è la parte hardware che permette al computer di poter effettuare ogni tipo di operazione dall'apertura ed utilizzo delle applicazioni alla registrazione di dati, su disco fisso o su unità portabili.

Cracker: utilizza l'informatica e le tecniche di programmazione per distruggere programmi altrui o anche componenti hardware.

Crossposting: post identico rispedito a più persone iscritte alle stesse mailing list, forum, newsgroup o altro.

Dial up: sistema di navigazione a 56 kb al secondo, definita anche banda stretta, si utilizza per la navigazione un modem semplice per bande dial up.

Domain: tradotto significa dominio, è l'indirizzo che posticipa la @, per es. xxx@miosito.com, definisce quindi il nome del sito di nostra proprietà o di proprietà di qualcun altro. I domini sono rilasciati e controllati da ICANN, società indipendente da ogni stato che controlla l'utilizzo di internet.

DOS: uno dei primi sistemi operativi creati e poi commercializzati dalla Microsoft, è tutt'oggi inserito nei sistemi operativi Windows e viene utilizzato per lo più in programmazione.

DSL: banda larga in Italia chiamata ADSL, sistema di navigazione veloce e meno difficoltoso, oggi in Italia soltanto il 50% della popolazione e del territorio è realmente coperto con banda larga sufficiente a portare una navigazione veloce reale a chiunque.

e-mail: meccanismo informatico che permette di scrivere una lettera elettronica, appunto dall'inglese electronic mail (posta elettronica), tale tecnologia è supportata da protocolli internet quali tra gli altri TCP/IP e ben definiti negli RFCs.

Emoticons: simboli grafici, ASCII o testuali che identificano lo stato d'animo di chi scrive.

Estensione: ogni file ha una estensione, ossia un suffisso che identifica come è stato programmato e come può essere aperto o visualizzato a seconda anche del sistema operativo, vi sono file che possono essere visualizzati e aperti su tutti i sistemi operativi vi sono invece file che possono essere visualizzati e aperti solo su particolari sistemi operativi.

FAQ: Frequent Asked Question, le domane più fatte frequentemente, di solito si trovano nei siti e vengono lasciate ad uso dell'utente per ottenere un primo aiuto in caso di problemi nell'utilizzo del sito.

Feed: sistema di aggregazione di dati che si aggiorna velocemente a volte simultaneamente ad altri dati aggregati nella stessa struttura.

Files: in inglese è il plurale di file, tradotto è letteralmente archivio. Identifica un qualunque tipo di programma, poiché ogni programma è in sostanza un archivio contenente molte informazioni riguardanti sia il computer fisico sia i dati in esso inserito, sia i dati temporanei che si evidenziano in rete e che sostano virtualmente sulla nostra macchina.

Firewall: programma che permette di filtrare alcuni pacchetti in entrata ed uscita dalla rete internet attiva sul computer, blocca il 95% degli attacchi usuali durante la navigazione.

Flame: il flame tradotto significa fiammata, il verbo è lo stesso to flame e significa infiammare, in internet segue la definizione classica e si indica per coloro che si infiammano per una discussione oppure che infiammano una discussione con parole a volte poco accorte.

Forum: parola latina che indica luogo di incontro per poter parlare di argomenti specifici o generici. In internet è stato creata una struttura di programmazione che riunisce molte persone all'interno di un sito e rende scalabile e portabile per chiunque l'apertura di specifici topic in specifiche aree tematiche, dette appunto forum.

FTP: Files Transport Protocol, protocollo informatico definito negli RFCs che permette il trasferimento di file anche di grossa entità tramite appositi programmi.

Gateways: sistema di rete che permette di veicolare i pacchetti dal computer a internet.

Gopher: precursore del World Wide Web e protocollo di rete che permette di visualizzare su server file e cartelle.

Hacker: gli hacker sono colore che utilizzando la programmazione si ingegnano per poter portare nuove tecnologie e nuovi programmi all'insegna della sicurezza informatica, quindi programmando in sicurezza.

HTML: acronimo di HyperText Markup Language, surrogato di linguaggio di programmazione che viene utilizzato per impostare un sito, deve sottostare alle regole imposte dal W3C (Http://www.w3.org)

Homepage: la prima pagina di un sito, di solito vi sono scritte tutte le informazioni che un'azienda o una persona vuole mettere in evidenza.

Host: società incaricata che può vendere alcuni gruppi di domini per la creazione di siti, alcuni host sono completamente gratuiti ed offrono sottodomini, per esempio Altervista.

Instant Messagging: dall'inglese messaggistica istantanea, sono i programmi che consentono di parlare istantaneamente con altre persone presenti nello stesso luogo, vengono definite anche chat.

Internauti: gli internauti sono i navigatori della rete internet.

Internet: è la parola che designa la gestione di protocolli informatici quali per esempio TCP/IP. Tutta la programmazione che ruota attorno a questa tecnologia permette di poter collegare computer diversi in più parti del mondo intero.

Intranet: essa indica la comunicazione interna ad una rete creata tra più computer diversi, ma sempre siti nello stesso stabile. La rete intranet non può accedere ad internet e quindi non comunica con l'intero mondo ma soltanto con i computer con cui è collegata localmente.

IP: lo ip è un identificativo numerico per la presenza in rete internet di una macchina, funziona solo con il protocollo TCP definito negli RFCs.

IRC: Internet Relay Chat, uno dei primi canali per la comunicazione tra singoli o molti.

ISP: acronimo di Internet Service Provider, sono le società che danno la disponibilità per l'accesso a internet e alla navigazione internet con una connessione reale, al mondo ne esistono molti per ogni stato, attualmente non è possibile materialmente utilizzare un ISP con sede all'infuori del proprio Stato.

Kilobyte: unità di misura dei computer, un kilobyte è 1024 byte 2 elevato alla decima potenza. Un byte è 8 bits, quindi 2 elevato alla terza potenza.

Lamer: un lamer è il contrario dell'hacker, colui

che effettua lamering è colui che utilizza le tecniche di programmazione per manomettere software e trarne vantaggi personali evadendo le leggi di ogni stato se questo gli permette di avere una contropartita rilevante.

Link: in inglese significa collegamento, o collegare, si utilizza questa parola per indicare quando un URLs è direttamente raggiungibile con un click e non deve essere copia-incollato sul browser.

Log: essi sono la registrazione cronologica delle operazioni effettuate da un computer ed inserite in appositi file, i log devono essere controllati giornalmente e in essi si possono vedere i vari errori che il sistema dà ogni volta che si aprono o chiudono le applicazioni o che le si utilizza.

Mailing host: azienda che gestisce un dominio in cui un utente può avere in affitto o in uso gratuito un e-mail con identificativo scelto da lui (es. xxx@sitoxy.com, xxx è stato scelto dall'utente).

Mailing list: programma che consente la discussione via e-mail di particolari argomenti scelti dai gestori e dagli utenti abbinati alla lista, esistno mailing list pubbliche, tutte le e-mail sono pubbliche e visibili a tutti gli utenti della rete internet, vi sono le mailing list private dove le e-mail e gli utenti scrivono in via privata, per esempio le mailing list di progettazione e programmazione specifica per un dato programma.

MIME: acronimo di Multipurpose Internet Mail extension, identifica codici ASCII a 8 bit per l'invio in posta elettronica di caratteri che a 7 bit non vengono inviati, tra cui anche immagini, link e video.

Mirror: letteralmente specchio, sono dei server dove è possibile scaricare file e software nello stesso identico modo come sono inseriti nel sito principale e sono stati chiamati specchi appositamente perchè rispecchiano fedelmente il server principale.

Monospacing: tipologia di font monospazio, cioè che ha un unico metro di spaziatura tra una lettera e l'altra e tra una parola e l'altra.

MOOs: variante con programmazione ad oggetti dei MUD, utilità che lavora anch'essa via Telnet.

MUD: Multi User Dimension, utilità Telnet che

permette di poter parlare con altre persone utilizzando una struttura base e semplificata rispetto alla chat, molto veloce perchè lavora a basso livello nel sistema operativo.

Newsgroup: notiziario online in cui si possono discutere gli articoli degli utenti o dei quotidiani.

Newsreader: sistema di lettura delle news informatizzato online.

Nick-name: il nick name è uno pseudonimo che si utilizza in rete, di solito in alcune tipologie di community, per esempio i forum, i giochi, nelle chat. E' possibile utilizzare i nick name anche nei social network e nelle e-mail al posto del proprio nome, ma in alcune mailing list ed in alcuni social network non è permesso controllate il regolamento prima.

Net-citizen: cittadino della rete, termine utilizzato prettamente per internet ed infatti il net-citizen è il cittadino di internet. Internet è vista come una comunità mondiale, una società vera e propria di livello mondiale e con culture diverse le une dalle altre, essa ha una cultura propria dove il mondo si riunisce e si regolamenta senza bisogno di un gruppo politico come nella realtà, la cittadinanza di internet sceglie democraticamente ciò di cui ha bisogno per poter sopravvivere in modo onesto e rispettoso di ogni cultura. Le leggi statali reali servono a chi evade i regolamenti della società di internet in modo che abbia una pena reale come qualunque criminale nella realtà, ma non esistendo delle celle virtuali ed essendo impossibile anche crearle, vi è necessità assoluta di punire comunque chi evade le leggi reali quanto quelle virtuali, ciò si può ottenere soltanto con legiferazioni improntate a capire realmente il mezzo di internet ed il mezzo informatico per poi tramutarsi in una legge concreta che punisca i criminali.

Netiquette: è l'unione di due parole network ed etiquette, quindi la parola completa significa il buon comportamento (etiquette) nella rete (network), sia intranet sia internet.

Opensource: letteralmente codice aperto, è riferito alla programmazione ed identifica tutti quei programmi il quale codice (scritto in linguaggio di programmazione) è rilasciato gratuitamente o a pagamento a coloro che lo richiedono o che usufruiscono del programma, di solito è possibile modificare il codice, le licenze di diritto d'autore a cui sono soggetti programmi opensource sono licenze copyleft.

PGP: Pretty Good Privacy, sistema crittografico che permette di crittare file, e-mail o pagine internet e renderle sicure alla vista di malintenzionati al 90%

Phisher: colui che fa pishing

Phishing: il phishing è una truffa online, di solito si inviano e-mail che rimandano a siti contraffatti abilmente per ingannare l'utente e per farsi dare la password d'accesso a particolari siti, possono essere siti bancari come siti di gioco anche.

Postmaster: il postmaster è colui/colei che gestisce la posta centralizzata di una società e la sua distribuzione, ha una casella di posta particolare per il lavoro a cui è preposto.

Postscript: linguaggio di programmazione che permette di salvare semplici file e poi di poterli rileggere come se fossero dei libri online, vengono anche chiamati file pdf.

Privacy: la privacy è soggetta a determinate leggi, in quasi tutti gli stati del mondo è definita una legge particolare, in Italia è la legge 196/03, ogni garante della privacy per ogni stato del mondo definisce le regole secondo gli usi, i costumi e la legislazione locale.

Provider: vedi ISP

Quoting: da to quote, citare in italiano, anche se con il linguaggio attuale si è creato una nuova terminologia ed un nuovo verbo: quotare. Esso identifica la citazione virgolettata e con nome (o nick name) della persona che si sta citando.

RFC: RFC è l'acronimo di Reference for Comment. Ogni RFC ha un numero identificativo e sono le specifiche per i programmatori e gli internauti in modo che possano utilizzare al meglio la struttura di internet, lo RFC 1855 è la specifica che riguarda la netiquette.

Root: originariamente l'albero principale, identifica in informatica la directory principale del sistema operativo da cui derivano tutte le altre. Oggi, nei sistemi Unix è utilizzato per definire anche l'utente amministratore del sistema.

Server: dall'inglese *servizio*, qualunque

macchina fornisca un servizio ad una o più macchine differenti. Esistono due tipi di server, il server fisico, ed il server virtuale, il primo è una macchina che serve tutte le macchine attaccate ad una rete intranet, il secondo è utilizzato dagli ISP per connettere la propria clientela alla rete internet e viene utilizzato in programmazione per servire funzioni apposite di programmazione.

Sistema operativo: il sistema operativo è montato sopra il kernel ed è quella struttura di programmazione che permette di utilizzare la struttura hardware del computer, senza il sistema operativo, il computer è inutilizzabile.

Smiley: tradotto significa sorriso o sorridente, in internet identifica tutta la tipologia di emoticons disponibili, di solito si utilizza solo per la tipologia grafica.

Sniffer: programma per la gestione e la registrazione dei pacchetti in rete intranet e internet, esistono sniffer passivi e sniffer attivi; i primi controllano la rete attiva sul computer, i secondi invece oltre a controllare la propria rete possono essere utilizzati in malo modo per penetrare nei computer altrui.

Software: è la parola che designa un programma, è utilizzata per identificare ogni pacchetto applicativo, per esempio Microsoft Office è un software.

Spam: spam è una marca di carne in scatola pubblicizzata in alcuni spot televisivi degli anni '70 in Gran Bretagna, essa era così invasiva che ora lo stesso nome viene attribuito alla posta indesiderata ed invasiva, appunto lo spam.

Spammer: colui che fa spam.

Splitscreen: tradotto significa schermo diviso, quindi come da definizione divisione dello schermo del computer.

Spoof: tipologia di furto ed inganno del sistema operativo o di altro software.

Tag: la parola in programmazione identifica un comando dato nel linguaggio HTML e racchiuso di solito nelle <>, per indicare la fine del tag e quindi del comando viene utilizzato </>, nelle comunità internet è identificato come parola racchiusa tra le [] che indica o identifica uno stato d'animo, se si stanno effettuando battute un po' particolari per esempio [ironica][/ironica], o un flame come descritto nella netiquette sopra, si chiude con lo stesso metodo della programmazione per indicare inizio e fine della tipologia di frase inserita e che differisce dall'intero discorso. Inizialmente utilizzato solo dai programmatori, oggi utilizzato da chiunque.

Telnet: protocollo internet definito negli RFCs che è utilizzato per dare connessioni di comunicazione generalizzate, in Microsoft Windows senza di esso non è possibile che il browser Internet Explorer visualizzi i siti correttamente.

Thread: è l'intera discussione sviluppata in un ambiente multi utente, forum, chat, newsgoup, quindi dall'inizio alla fine non come il topic che rappresenta solo l'oggetto dell'argomento.

Topic: il topic è l'argomentazione scelta per la discussione inserita nell'oggetto, per molte tipologie di strutture, a partire dal forum fino ad arrivare alla semplice mailing list. E' necessario una volta scelto il topic rimanere IN Topic, ossia rimanere in argomento senza uscire OFF Topic, ossia uscire fuori tema.

Trackback: è un sistema di comunicazione tra due o più risorse per la gestione di citazioni tra di loro.

Troll: sono i provocatori di "professione", provocano le persone per svariati motivi: per ottenere informazioni personali che utilizzeranno a discapito della vittima, per far sembrare altri dei troll come loro e screditarli davanti alla propria comunità, perchè non hanno niente da fare di meglio che prendere in giro le persone. Non è detto che chi entra in una comunità e contesta qualcosa sia un troll, è necessario porre la dovuta attenzione prima di definire qualcuno un troll.

TTY: canale di comunicazione, ogni tipologia di canale di comunicazione si utilizzi viene identificato come TTY, anche una semplice shell, nella netiquette invece essendo utilizzato nella sezione delle chat è identificabile come tipologia di programma differente.

URLs: acronimo di Uniform Resource Locator, è in sostanza l'indirizzo scritto per esteso di un sito.

WWW: World Wild Web, identifica internet in modo generico, le tre W vengono anche utilizzate come prefisso per gli indirizzi dei siti.

Wais: Wide Area Information Server,

letteralmente informazioni su vasta area, programma per la ricerca di file all'interno dello stesso computer o via rete intranet o internet.

Webmaster: colui che costruisce fisicamente il sito e ne è il diretto responsabile per la programmazione, non è detto che ne sia l'amministratore e quindi il responsabile dei contenuti.

Whitelist: è il contrario della blacklist, essa si utilizza in programmazione nel momento in cui un programma blocca indistintamente un gruppo di IP o e-mail, si inseriscono quindi alcuni IP o e-mail particolari di cui si è assolutamente certi della sicurezza e delle persone da cui arrivano inserendole in un file per cui l'applicazione blocca tutti tranne quelli segnalati.

LICENZA D'USO DEL LIBRO

avrà. L'autrice si potrà rifiutare di dare il permesso alla distribuzione solo nel caso in cui essa non rispecchi e non rispetti il codice di licenza sotto indicato.

Per la commercializzazione: ne è assolutamente vietata se non previa autorizzazione e accordi con l'autrice.

Contatti dell'autrice: l'autrice è contattabile presso questo indirizzo e-mail.

mat.r.gl@gmail.com

Common Deed:

Attribuzione-Non commerciale-Non opere derivate 4.0 Unported

Tu sei libero di:

Condividere – riprodurre, distribuire, comunicare al pubblico, esporre in pubblico, rappresentare eseguire e recitare questo materiale con qualsiasi mezzo e formato.

Il licenziante non può revocare questi diritti fintanto che tu rispetti i termini della licenza.

Alle seguenti condizioni:

Attribuzione – Devi attribuire adeguatamente la paternità sul materiale, fornire un link alla licenza e indicare se sono state effettuate modifiche. Puoi realizzare questi termini in qualsiasi maniera ragionevolmente possibile, ma non in modo tale da suggerire che il licenziante avalli te o il modo in cui usi il materiale.

Non Commerciale – Non puoi usare il materiale per scopi commerciali.

No derivatives – Se remixi, trasformi il materiale o ti basi su di esso, non puoi distribuire il materiale così modificato.

Divieto di restrizioni aggiuntive — Non puoi applicare termini legali o misure tecnologiche che impongano ad altri soggetti dei vincoli giuridici su quanto la licenza consente loro di fare.

Note:

- Non sei tenuto a rispettare i termini della licenza per quelle componenti del materiale che siano in pubblico dominio o nei casi in cui il tuo uso sia consentito da una eccezione o limitazione prevista dalla legge.
- Non sono fornite garanzie. La licenza può non conferirti tutte le autorizzazioni necessarie per l'uso che ti prefiggi. Ad esempio, diritti di terzi come i diritti all'immagine, alla tutela dei dati personali e i diritti morali potrebbero restringere gli usi che ti prefiggi sul

materiale.

Attribution-NonCommercial-NoDerivatives 4.0 International

Creative Commons Corporation ("Creative Commons") is not a law firm and does not provide legal services or legal advice. Distribution of Creative Commons public licenses does not create a lawyer-client or other relationship. Creative Commons makes its licenses and related information available on an "as-is" basis. Creative Commons gives no warranties regarding its licenses, any material licensed under their terms and conditions, or any related information. Creative Commons disclaims all liability for damages resulting from their use to the fullest extent possible.

Using Creative Commons Public Licenses

Creative Commons public licenses provide a standard set of terms and conditions that creators and other rights holders may use to share original works of authorship and other material subject to copyright and certain other rights specified in the public license below. The following considerations are for informational purposes only, are not exhaustive, and do not form part of our licenses.

Considerations for licensors: Our public licenses are intended for use by those authorized to give the public permission to use material in ways otherwise restricted by copyright and certain other rights. Our licenses are irrevocable. Licensors should read and understand the terms and conditions of the license they choose before applying it. Licensors should also secure all rights necessary before applying our licenses so that the public can reuse the material as expected. Licensors should clearly mark any material not subject to the license. This includes other CC-licensed material, or material used under an exception or limitation to copyright. *More considerations for licensors.*

Considerations for the public: By using one of our public licenses, a licensor grants the public permission to use the licensed material under specified terms and conditions. If the licensor's permission is not necessary for any reason–for example, because of any applicable exception or limitation to copyright–then that use is not regulated by the license. Our licenses grant only permissions under copyright and certain other rights that a licensor has authority to grant. Use of the licensed material may still be restricted for other reasons, including because others have copyright or other rights in the material. A licensor may make special requests, such as asking that all changes be marked or described. Although not required by our licenses, you are encouraged to respect those requests where reasonable. *More considerations for the public.*

Creative Commons Attribution-NonCommercial-NoDerivatives 4.0 International Public License

By exercising the Licensed Rights (defined below), You accept and agree to be bound by the terms and conditions of this Creative Commons

Attribution-NonCommercial-NoDerivatives 4.0 International Public License ("Public License"). To the extent this Public License may be interpreted as a contract, You are granted the Licensed Rights in consideration of Your acceptance of these terms and conditions, and the Licensor grants You such rights in consideration of benefits the Licensor receives from making the Licensed Material available under these terms and conditions.

Section 1 – Definitions.

a. **Adapted Material** means material subject to Copyright and Similar Rights that is derived from or based upon the Licensed Material and in which the Licensed Material is translated, altered, arranged, transformed, or otherwise modified in a manner requiring permission under the Copyright and Similar Rights held by the Licensor. For purposes of this Public License, where the Licensed Material is a musical work, performance, or sound recording, Adapted Material is always produced where the Licensed Material is synched in timed relation with a moving image.

b. **Copyright and Similar Rights** means copyright and/or similar rights closely related to copyright including, without limitation, performance, broadcast, sound recording, and Sui Generis Database Rights, without regard to how the rights are labeled or categorized. For purposes of this Public License, the rights specified in Section _2(b)(1)-(2)_ are not Copyright and Similar Rights.

c. **Effective Technological Measures** means those measures that, in the absence of proper authority, may not be circumvented under laws fulfilling obligations under Article 11 of the WIPO Copyright Treaty adopted on December 20, 1996, and/or similar international agreements.

d. **Exceptions and Limitations** means fair use, fair dealing, and/or any other exception or limitation to Copyright and Similar Rights that applies to Your use of the Licensed Material.

e. **Licensed Material** means the artistic or literary work, database, or other material to which the Licensor applied this Public License.

f. **Licensed Rights** means the rights granted to You subject to the terms and conditions of this Public License, which are limited to all Copyright and Similar

Rights that apply to Your use of the Licensed Material and that the Licensor has authority to license.

g. **Licensor** means the individual(s) or entity(ies) granting rights under this Public License.

h. **NonCommercial** means not primarily intended for or directed towards commercial advantage or monetary compensation. For purposes of this Public License, the exchange of the Licensed Material for other material subject to Copyright and Similar Rights by digital file-sharing or similar means is NonCommercial provided there is no payment of monetary compensation in connection with the exchange.

i. **Share** means to provide material to the public by any means or process that requires permission under the Licensed Rights, such as reproduction, public display, public performance, distribution, dissemination, communication, or importation, and to make material available to the public including in ways that members of the public may access the material from a place and at a time individually chosen by them.

j. **Sui Generis Database Rights** means

rights other than copyright resulting from Directive 96/9/EC of the European Parliament and of the Council of 11 March 1996 on the legal protection of databases, as amended and/or succeeded, as well as other essentially equivalent rights anywhere in the world.

k. **You** means the individual or entity exercising the Licensed Rights under this Public License. **Your** has a corresponding meaning.

Section 2 – Scope.

a. **License grant**.

1. Subject to the terms and conditions of this Public License, the Licensor hereby grants You a worldwide, royalty-free, non-sublicensable, non-exclusive, irrevocable license to exercise the Licensed Rights in the Licensed Material to:

   A. reproduce and Share the Licensed Material, in whole or in part, for NonCommercial purposes only; and

   B. produce and reproduce, but not Share, Adapted Material for NonCommercial purposes only.

2. Exceptions and Limitations. For the avoidance of doubt, where Exceptions and Limitations apply to Your use, this Public License does not apply, and You do not need to comply with its terms and conditions.

3. Term. The term of this Public License is specified in Section _6(a)_.

4. Media and formats; technical modifications allowed. The Licensor authorizes You to exercise the Licensed Rights in all media and formats whether now known or hereafter created, and to make technical modifications necessary to do so. The Licensor waives and/or agrees not to assert any right or authority to forbid You from making technical modifications necessary to exercise the Licensed Rights, including technical modifications necessary to circumvent Effective Technological Measures. For purposes of this Public License, simply making modifications authorized by this Section _2(a)(4)_

never produces Adapted Material.
5. Downstream recipients.
    A. Offer from the Licensor –
    Licensed Material. Every
    recipient of the Licensed
    Material automatically
    receives an offer from the
    Licensor to exercise the
    Licensed Rights under the
    terms and conditions of this
    Public License.
    B. No downstream restrictions.
    You may not offer or impose
    any additional or different
    terms or conditions on, or
    apply any Effective
    Technological Measures to,
    the Licensed Material if
    doing so restricts exercise of
    the Licensed Rights by any
    recipient of the Licensed
    Material.
6. No endorsement. Nothing in this
Public License constitutes or may
be construed as permission to
assert or imply that You are, or
that Your use of the Licensed
Material is, connected with, or
sponsored, endorsed, or granted

official status by, the Licensor or
others designated to receive
attribution as provided in Section
3(a)(1)(A)(i).

b. **Other rights**.

1. Moral rights, such as the right of
   integrity, are not licensed under
   this Public License, nor are
   publicity, privacy, and/or other
   similar personality rights; however,
   to the extent possible, the Licensor
   waives and/or agrees not to assert
   any such rights held by the
   Licensor to the limited extent
   necessary to allow You to exercise
   the Licensed Rights, but not
   otherwise.
2. Patent and trademark rights are
   not licensed under this Public
   License.
3. To the extent possible, the Licensor
   waives any right to collect royalties
   from You for the exercise of the
   Licensed Rights, whether directly
   or through a collecting society
   under any voluntary or waivable
   statutory or compulsory licensing
   scheme. In all other cases the

Licensor expressly reserves any right to collect such royalties, including when the Licensed Material is used other than for NonCommercial purposes.

Section 3 – License Conditions.

Your exercise of the Licensed Rights is expressly made subject to the following conditions.

    a. **Attribution**.

        1. If You Share the Licensed Material, You must:

            A. retain the following if it is supplied by the Licensor with the Licensed Material:

                i. identification of the creator(s) of the Licensed Material and any others designated to receive attribution, in any reasonable manner requested by the Licensor (including by pseudonym if designated);

                ii. a copyright notice;

                iii.   a notice that

refers to this Public
License;

    iv. a notice that refers to
the disclaimer of
warranties;

    v. a URI or hyperlink to
the Licensed Material
to the extent
reasonably
practicable;

B. indicate if You modified the
Licensed Material and retain
an indication of any previous
modifications; and

C. indicate the Licensed
Material is licensed under
this Public License, and
include the text of, or the
URI or hyperlink to, this
Public License.

For the avoidance of doubt, You do
not have permission under this
Public License to Share Adapted
Material.

2. You may satisfy the conditions in
Section _3(a)(1)_ in any reasonable
manner based on the medium,
means, and context in which You
Share the Licensed Material. For

example, it may be reasonable to satisfy the conditions by providing a URI or hyperlink to a resource that includes the required information.
  3. If requested by the Licensor, You must remove any of the information required by Section _3(a)_ _(1)(A)_ to the extent reasonably practicable.

Section 4 – Sui Generis Database Rights.

Where the Licensed Rights include Sui Generis Database Rights that apply to Your use of the Licensed Material:

  a. for the avoidance of doubt, Section _2(a)(1)_ grants You the right to extract, reuse, reproduce, and Share all or a substantial portion of the contents of the database for NonCommercial purposes only and provided You do not Share Adapted Material;
  b. if You include all or a substantial portion of the database contents in a database in which You have Sui Generis Database Rights, then the database in which You have Sui Generis Database Rights (but not its individual contents) is Adapted Material; and

c. You must comply with the conditions in Section *3(a)* if You Share all or a substantial portion of the contents of the database.

For the avoidance of doubt, this Section *4* supplements and does not replace Your obligations under this Public License where the Licensed Rights include other Copyright and Similar Rights.

Section 5 – Disclaimer of Warranties and Limitation of Liability.

a. **Unless otherwise separately undertaken by the Licensor, to the extent possible, the Licensor offers the Licensed Material as-is and as-available, and makes no representations or warranties of any kind concerning the Licensed Material, whether express, implied, statutory, or other. This includes, without limitation, warranties of title, merchantability, fitness for a particular purpose, non-infringement, absence of latent or other defects, accuracy, or the presence or absence of errors,**

whether or not known or
discoverable. Where disclaimers of
warranties are not allowed in full or
in part, this disclaimer may not
apply to You.

b. To the extent possible, in no event
will the Licensor be liable to You on
any legal theory (including, without
limitation, negligence) or otherwise
for any direct, special, indirect,
incidental, consequential, punitive,
exemplary, or other losses, costs,
expenses, or damages arising out of
this Public License or use of the
Licensed Material, even if the
Licensor has been advised of the
possibility of such losses, costs,
expenses, or damages. Where a
limitation of liability is not allowed
in full or in part, this limitation may
not apply to You.

c. The disclaimer of warranties and
limitation of liability provided above shall
be interpreted in a manner that, to the
extent possible, most closely
approximates an absolute disclaimer and
waiver of all liability.

Section 6 – Term and Termination.

a. This Public License applies for the term of the Copyright and Similar Rights licensed here. However, if You fail to comply with this Public License, then Your rights under this Public License terminate automatically.

b. Where Your right to use the Licensed Material has terminated under Section 6(a), it reinstates:

1. automatically as of the date the violation is cured, provided it is cured within 30 days of Your discovery of the violation; or

2. upon express reinstatement by the Licensor.

For the avoidance of doubt, this Section 6(b) does not affect any right the Licensor may have to seek remedies for Your violations of this Public License.

c. For the avoidance of doubt, the Licensor may also offer the Licensed Material under separate terms or conditions or stop distributing the Licensed Material at any time; however, doing so will not terminate this Public License.

d. Sections 1, 5, 6, 7, and 8 survive termination of this Public License.

Section 7 – Other Terms and Conditions.

a. The Licensor shall not be bound by any additional or different terms or conditions communicated by You unless expressly agreed.

b. Any arrangements, understandings, or agreements regarding the Licensed Material not stated herein are separate from and independent of the terms and conditions of this Public License.

Section 8 – Interpretation.

a. For the avoidance of doubt, this Public License does not, and shall not be interpreted to, reduce, limit, restrict, or impose conditions on any use of the Licensed Material that could lawfully be made without permission under this Public License.

b. To the extent possible, if any provision of this Public License is deemed unenforceable, it shall be automatically reformed to the minimum extent necessary to make it enforceable. If the provision cannot be reformed, it shall be severed from this Public License without affecting the enforceability of the remaining terms and conditions.

c. No term or condition of this Public

License will be waived and no failure to comply consented to unless expressly agreed to by the Licensor.

d. Nothing in this Public License constitutes or may be interpreted as a limitation upon, or waiver of, any privileges and immunities that apply to the Licensor or You, including from the legal processes of any jurisdiction or authority.

Creative Commons may be contacted at
creativecommons.org.

www.ingramcontent.com/pod-product-compliance
Lightning Source LLC
La Vergne TN
LVHW022335060326
832902LV00022B/4048